¡YO SOY TU PADRE!

JORGE VESTERRA

¡YO SOY TU PADRE!

CÓMO LLEVAR A TUS HIJOS AL LADO OSCURO

timunmas

Diseño de cubierta: Planeta Arte & Diseño
Ilustración de cubierta: © Ed Carosia

Diagonal, 662-664. 08034 Barcelona (España)
Timun Mas, sello editorial de Editorial Planeta, S. A.
www.timunmas.com
www.planetadelibros.com

ISBN: 978-84-480-1910-5
Depósito legal: B. 218-2014
Diseño de interior: dtm+tagstudy
Impreso en España

LOS 10 MANDAMIENTOS DEL PADRE FRIKI

1

Amarás a tu mujer, a tus hijos y tus aficiones frikis por encima de todas las otras cosas que pueda ofrecerte la vida (aunque no necesariamente por ese orden).

2

Llevarás con orgullo tu condición de friki, se la legarás a tu descendencia y renegarás de los que, por moda o para quedar bien, se hacen llamar frikis en vano.

3

Santificarás tus momentos de ocio y los de tus seres queridos con tus aficiones (frikis, por supuesto).

4

Honrarás a tu compañera y madre de tus hijos, la escucharás y obedecerás siempre de manera literal, pero buscando siempre el modo de salirte con la tuya con algún que otro tecnicismo sacado de tu amplio bagaje y cultura friki.

5

Al menos una vez al año harás un viaje de peregrinación, ya sea al Salón del Manga, a la Semana Negra de Gijón, las TDN de Mollina o la Meca friki: la Comic-Con de San Diego.

6

Atesorarás avariciosamente todos los bienes frikis que puedas, aunque sólo sea para echarles un vistazo de tanto en tanto o simplemente para sentir la satisfacción de saber que los tienes tú, y sólo tú.

7

No destruirás ni tirarás a la basura tus colecciones frikis (como te dirá tu mujer que hagas), sino que las preservarás de ella para que se conviertan en el legado de tus hijos.

8

Envidiarás los bienes ajenos (y frikis) de tus hermanos de afición de manera absolutamente codiciosa y enfermiza cuando te los enseñen con orgullo o presuman de ellos, los muy hienas.

9

No robarás esos bienes frikis de otros ni ejercerás violencia para conseguirlos. Antes te valdrás de todo tipo de artimañas para lograr que acaben en tu poder, como apuestas más o menos amañadas o préstamos de los que no se devuelven nunca.

10

Preservarás tus tesoros no solamente de tu mujer, sino de las zarpas pringosas de tus hijos, que querrán colorear tus láminas originales y entintadas de tu autor favorito o jugar a lo bestia con la colección de gashapones que trajiste de Tokio.

SER FRIKI Y PADRE, INCREÍBLE PERO CIERTO

Aunque había algunas dudas (bueno, más bien serias y numerosas dudas), por fin los científicos de cierta universidad americana han logrado demostrar que un friki es un ser vivo. Como los ficus, vamos. La cosa es que como todo ser vivo, el friki está sujeto a las leyes inmutables de la Madre Naturaleza: nacer (o hacerse, que con el tema hay controversia), crecer (muchas veces a lo hobbit, es decir, con más tendencia a lo ancho que a lo alto) y reproducirse. Esto último, según la opinión generalizada hasta hace poco, era algo prácticamente imposible. Una utopía. Una fantasía. Una ilusión. Una historia de amor entre elfos y orcos, para poner un ejemplo gráfico. Como un político honrado bailando una lambada con un sindicalista trabajador, si prefieren otra comparación.

Y sin embargo..., ha sucedido. Esos hobbits creciditos con unas lorzas que harían morirse de envidia al mismísimo Jabba el Hutt, esos empollones enmascarados tras sus gafas de monturas rotas pegadas con esparadrapo, esos raritos (mal)vestidos con camisetas de eslóganes absolutamente reveladores (como «Juego a rol y no he matado a nadie... todavía» o «Ser friki es un orgullo, ser otaku es un privilegio») encontraron su media naranja, su perrito que les ladrase, su compañera ideal... Aunque para eso tuvieran que camuflarse. Mutar. Evolucionar como los Pokémon. Bajando un poco (o un mucho) de peso, y descubriendo que el buen aspecto y la forma física no están reñidos con el hecho intrínseco de ser un friki. Cerrando la boca (o al menos, pensando lo que va a salir por ella antes de abrirla) a la hora de hablar de a qué aficiones se dedica en su tiempo libre... Eso, cuando no mentir descaradamente sobre las mismas (o disimularlas a nivel ninja maestro, como aquél que enterneció a su chica poniéndole a su manual de Cthulhu unas solapas de *Veinte poemas de amor y una canción desesperada* de Pablo Neruda). Y, sobre todo, evitar expresiones del tipo «Esto es más duro que hacerse el *Battle Field* con un cuchillo» o «Me gustaría que mi vida fuera fácil, pero a veces me parece que la empecé a nivel de dificultad imposible». ¡Cuidado, que todo esto nos delata como frikis! Y sonreír. Sonreír mucho, decir que sí a todo y ser amable y encantador, que en este juego de rol del amor hay que tener altos los puntos de Carisma. Tampoco te sorprendas tanto, pequeño padawan, al fin y al cabo cuidar el físico, maquillar el currículum y hacerse el simpático son los puntos fundamentales sobre los que se asienta el arte del cortejo que todo hombre practica desde el inicio de los tiempos.

Y claro está, y lo digo en el último lugar, que es el más importante: estar al día con el tema de la higiene personal y la pulcritud en esto del vestir... Asignatura que no todos los frikis aprueban, todo hay que decirlo...

Con todo, yo me barrunto que ninguna mujer que merezca tal nombre fue engañada del todo... Que por mucho que el amor sea ciego (y hasta un poco sordo, como dice un amigo mío) y que lo de taparse el acné con tiritas y decir que son cortes de afeitarse aparentemente da el pego, pues no me trago que nadie se vaya a creer del todo que al fulano que le pone ojitos le crezca la barba en mitad de la frente. O en la punta de la nariz.

Pero, por desgracia para ellas, aquí la Madre Naturaleza (que es una mala puta donde las haya) pone una zancadilla rastrera a las mujeres, pues toda fémina siente en algún momento la necesidad de reproducirse, y eso es algo que aún no saben hacer solas. Y claro, como de hacer niños se trata... ¿qué mejor reclamo que un niño algo crecidito, pero niño en el fondo, así como adorable y mimosín, un poco bobito pero muy tiernecico? El friki y su circunstancia (por mucho que trate de disimularla) es un reclamo ideal para las mujeres, mucho mejor que esos cachas de gimnasio de sonrisa dentífrica y cerebro atrofiado por los esteroides. El friki tiene esa mirada de perrito perdido que toda mujer quiere llevarse a casa y meter en su cama para consolar. Sí, amigo, todos sabemos que poner ojitos tristes y decir aquello de «es que las mujeres ni siquiera me ven» es nuestra mejor baza.

Otra cosa que tenemos los frikis a nuestro favor es que toda mujer considera al hombre (en concreto a «su» hombre) material genético manipulable. Una especie de plastilina moldeable, vamos. Que pueden hacer con nosotros lo que quieran... cosa que, al menos al principio, tampoco está tan lejos de la realidad. Y como somos «como niños» y, por lo tanto (según ellas), un pelín tontines, pues eso...

Y entre una cosa y otra ya tenemos al friki felizmente emparejado y disimulado como una persona normal, corriente y moliente. Pasa el tiempo, la Naturaleza sigue su curso... y un día nos

CURIOSIDAD

Marvin Cooper, el inventor del teléfono móvil, ideó su genial y práctico invento después de ver un episodio de *Star Trek* en el que el capitán Kirk usaba un diminuto intercomunicador. Claro que Cooper, además de trekkie confeso, es doctor en ingeniería electrónica y miembro del club MENSA, cosas que siempre ayudan a hacer los sueños de un friki realidad...

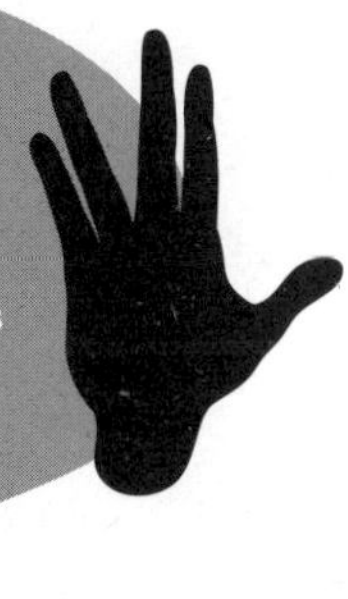

encontramos con un pequeño friki. O un proyecto, que al menos la mitad de la carga genética necesaria la lleva de serie.

Y entonces su padre, el antiguo friki, el que renegó de sus aficiones, el ser obsequioso que le dice que sí a todo a su parienta...

... despierta.

Pues no deja de ser friki aquel que guarda su frikismo a buen recaudo a la espera de tiempos mejores.

Al igual que reyes y emperadores, el friki aparentemente domado ambiciona dejar su legado a su retoño. Y para ello, tiene que iniciarlo en los secretos de la frikicidad. Pues, como ya apuntamos antes, el friki nace..., pero también se hace.

Este libro trata de los esfuerzos heroicos de esos padres frikis por hundir el futuro éxito social de sus hijos. De sus tácticas más comunes, de sus éxitos y de en ocasiones (ay) sus fracasos. Así que es un manual ideal tanto para los padres que deseen ponerse a ello como para las madres que, sin duda, tratarán de evitarlo. Incluso pueden leerlo los hijos, para comprobar si su padre trata de frikizarlos o no (aunque, amigo, si eres de ésos y estás leyendo este libro... cualquier libro... en lugar de aporrear los mandos de la Wii... me temo que tengo malas noticias para ti, compañero).

TEST ¿ERES UN VERDADERO PADRE FRIKI?

Vale, si has comprado o te han regalado este libro es probable que seas fan (a partir de ahora, fanboy) de Star Wars y sigas alguna serie. Y eso está muy bien, pero a la hora de la verdad... ¿eres realmente un friki dormido (o que se hace el dormido) o un tipo aburrido y formal, de ésos del montón? Pues mira, en un momento lo veremos:

Contesta el siguiente test y anota el resultado:

1 **En la vitrina del comedor, en un lugar bien visible, tienes expuesto:**

A: La cristalería y la vajilla de su abuela (de la de ella). Una entrañable herencia familiar...

B: Los trofeos que ganaste en tu juventud como atleta *amateur*

C: No tienes vitrina en el comedor

D: La colección de figuritas de tu serie anime favorita

2 **A la hora de irte a dormir, te pones:**

A: Un pijama convencional de dos piezas a juego con la colcha de la cama

B: Un tanga que pueda ser arrancado a bocados

C: No te pones nada para irte a dormir (a veces, ni te quitas la ropa que llevas puesta)

D: El uniforme oficial de la Federación en la primera temporada de la serie original de Star Trek (la de los años 60, claro)

3 **¿Qué objeto decorativo tiene un lugar de honor en tu casa?**

A: Una acuarela de tonos pastel pintada por ella (la santa de tu mujer)

B: Tu aparato de musculación: un amasijo de pesas, poleas y metal tan grande que ocupa una habitación entera

C: Una mancha de moho en la pared que observada atentamente recuerda al mapa geográfico de Biafra

D: Las láminas originales de tu cómic favorito enmarcadas y firmadas por el autor

4 Te despierta de madrugada un ruido en el salón. ¿Qué coges para ir a investigar?

A: El teléfono. Para llamar a la Policía

B: Nada. Sales de la cama sonriendo y flexionando los músculos. Si hay un intruso, tus conocimientos de artes marciales serán suficientes para girarle la cara a bofetadas

C: No vas a investigar. Sabes que son las cucarachas peleándose con las ratas por los restos de la pizza de anoche

D: El sable láser que guardas para casos como éste

5 Tu programa de televisión favorito es...

A: Uno de ésos de famosos gritándose que tanto le gustan a tu cari

B: De deportes, por supuesto

C: La PlayStation y la Xbox son los únicos canales que valen la pena hoy en día...

D: Esa serie de ciencia ficción de la que no llegaron a grabarse más de seis episodios y que has encontrado en versión original subtitulada al taiwanés

6 En tu tiempo libre te gusta...

A: Limpiar la casa con tu amorcito mientras os peleáis cariñosamente por ver quién se queda con el trapo de quitar el polvo

B: El gimnasio, el *jogging* y el depilado integral no me dejan tiempo libre

C: Jugar a juegos de rol *indies* por chat con tus amigos del otro lado del Atlántico

D: Leer *Juego de Tronos*

7 **Tu película favorita es:**

A: *Los puentes de Madison* (al menos sale Clint Eastwood, aunque no rompa nada)

B: *Rocky* (cualquiera de ellas)

C: *Karate a muerte en Torremolinos*

D: *El Señor de los Anillos*, versión extendida, la trilogía

8 **¿Qué nombre habías pensado para tu hijo?**

A: No había pensado ninguno. Eso de pensar lo hace ella (mi mujer)

B: Mancuerno si es chico y Mancuerna si es chica

C: ¿Un hijo? Teniendo en cuenta con quién suelo tener sexo, no sé... ¿Meñique?

D: Glautorel Escarin Grifindel

9 **Tus vacaciones soñadas son:**

A: En la playa, con los suegros

B: En un crucero, vaya donde vaya mientras tenga un gimnasio bien equipado

C: En Azeroth, cuando los de WoW saquen la nueva expansión

D: En Nueva Zelanda, donde se rodó *El Señor de los Anillos* y *El Hobbit*

10 **Por Navidades, a la hora de montar el belén...**

A: En casa ponéis unas figuras de porcelana del siglo XVIII, dentro de una vitrina para que no sufran accidentes

B: No pones belén. Pones un abeto que has talado tú mismo

C: ¿Un campo de batalla con caballeros medievales y muertos vivientes dándose bofetadas se considera un belén?

D: Aprovechas una distracción de la familia y cambias a Melchor, Gaspar y Baltasar por Gandalf, Harry Potter y Merlín

Mayoría de respuestas A:
Macho, no sé yo si tú fuiste friki en el pasado, pero lo tuyo es un caso grave de sumisión al género femenino y número singular (es decir, a tu santa y legítima esposa). Ya puedes decirle de mi parte que hizo un buen trabajo de reeducación y lavado de cerebro contigo y que le auguro un gran futuro al servicio del Estado si finalmente las predicciones de Huxley y Orwell se cumplen.

Mayoría de respuestas B:
No tengo yo muy claro que tú hayas sido alguna vez friki. Vale que el Chuachenaguer ése hizo de Conan en los años ochenta, pero que te guste la peli no te incluye en la categoría. Mejor ponte a hacer abdominales y deja de leer que esto cansa mucho...

Mayoría de respuestas C:
A mí no me engañas. ¡Tú no estás casado! (De hecho, juraría que a tus cuarenta y cinco años sigues viviendo con tus padres.)

Mayoría de respuestas D:
Eres un friki puro, con impoluto pedigrí. Este libro está escrito pensando en ti.

EL REDUCTO DEL MARIDO FRIKI

Ya sabemos que el friki tiene que ocultar su frikismo para poder conseguir una compañera con la que reproducirse. A veces, se engaña hasta a sí mismo y reniega de su condición (temporalmente, que el que nace friki, muere friki, y a menudo con el sable láser en la mano). La mayoría de las veces, sin embargo, el friki es astuto y sabe disimular en espera de que lleguen tiempos mejores.

Lo primero es mantener oculto el tesoro. Y es que esas colecciones de cómics, de figuritas, de cartas, de variopinto *merchandising*, esas camisetas molonas que nunca te has puesto, esas series emblemáticas de televisión..., todo eso que define tu identidad friki secreta..., todas esas joyas, en suma...

... para ella no son más que basura y te las va a tirar a la ídem como les eche el ojo.

¡Ni se te ocurra regalárselas en un gesto de romanticismo o enamoramiento (también llamado tontería al cubo)! Tú piensas que las apreciará y las respetará, pero reflexiona un poco: para ella tus cosas no tienen el mismo valor que para ti. ¡Es capaz de hacer trapos de tus camisetas edición limitada de Babylon 5 en lugar de ponérselas (con lo bien que le quedaría la de la comandante Ivanova)! ¡O de regalar tus figuras de acción de Star Wars 30 aniversario a esas fieras destrozadoras que tiene como sobrinos en vez de colocarlas en una vitrina, donde deben estar!

Sí, ya sé que es duro, pero mira, en aceptar el hecho tienes la solución. Repito: «como las vea». Y es que en esto las féminas son como los tiranosaurios, lo que no ven... pues como que no existe.

¿Sitios donde esconder aquello que te define como friki? Para empezar, la casa de tus padres. Si te las ingeniaste para meter TANTA cosa en tu cuarto (y que aún te quedara sitio para dormir, aunque fuera en el suelo y en posición fetal) sería una pena desmontarlo todo, ¿no? Además, ahí tu material está a salvo (entre otras cosas porque tu madre apenas puede entrar de lado en la habitación, con tanta caja y tanta estantería a rebosar, y tu padre, con la panza que arrastra, directamente no cabe...).

Claro que hoy en día hay mucho padre desnaturalizado que planea convertir la habitación del hijo en una sala de estar, o quieren usarlo para hacer yoga, o customizarlo como despacho, o usarlo de trastero pero de «sus» cosas, no de las tuyas... (eso cuando no tiran tu cama alegremente por la ventana mientras sales por la puerta para asegurarse de que no vuelvas). Si sospechas que tus tesoros frikis corren peligro de desaparecer si los encuentra tu mujer, como les pongan las zarpas encima tus padres olvídate de sospechas y ve pasando a tener certezas.

Como alternativa puedes pedirle a un amigo que te guarde tu «tesssoro», sobre todo si su casa es grande o vive solo. Pero es decisión no exenta de peligros: el amigo de un friki suele ser (vaya sorpresa) otro friki, y es dudoso que pueda permanecer inmune a los encantos de tu colección. Sería como pedirle a tu colega el yonki que te guardara un par de kilos de papelinas. ¿Cómo puede resistirse a echarle un ojo a tus tesoros? Respuesta: no puede. Y una cosa lleva a la otra, y del uso se pasa al abuso, y del mismo modo que el roce hace el cariño, el manoseo genera sentimiento de propiedad. Y las piezas selectas de tu colección pasan a guardarse entre «sus» cosas y si algún día lo reclamas... Pues a lo mejor se han perdido. Mire usted qué pena.

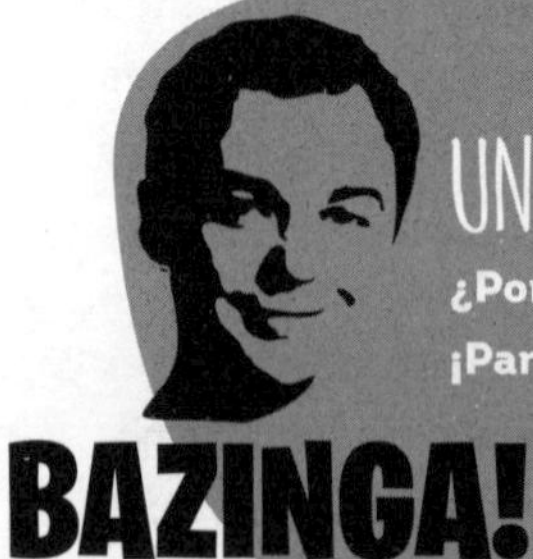

UN CHISTE NERD DE SHELDON COOPER:

¿Por qué cruzó la gallina la cinta de Moebius?
¡Para llegar al mismo lado!

(*The Big Bang Theory*. Tercera temporada, capítulo 18.)

Mayor peligro corren tus cosas si las dejas en un club, que en lugar de tener un par de manos codiciosas queriendo pillarlas, aquí va a haber ciento, por mucho que lo tengas en taquilla cerrada con candado, cadena y segurata armado delante. Tú piensa en la mili, hombre.

Nota del editor: Hoy en día ya no se hace la mili. Disimule usted las canas que esto va dirigido a un público más o menos juvenil. Abuelo, que es usted un abuelo.

¡Cuernos!

En fin...

Volviendo al tema, la mejor manera de mantener tus frikeces a buen recaudo es meterlas en un trastero. Lo ideal es que sea de difícil acceso... O que esté fuera de casa. Muchos *parkings* tienen la opción de comprar o alquilar trasteros (o guardamuebles, que también se les llama así) cuyo tamaño varía de una habitación hasta un armario de buen tamaño. Mientras pagues regularmente, tus cosas estarán seguras, y tienes garantizada la privacidad (en especial si tu mujer no sabe que el trastero existe). Cuando tus pequeños estén en edad de frikear ya habrá tiempo de que tus cosas salgan nuevamente a la luz... Mientras tanto, guárdalas en tu pedacito de *dungeon* particular, como los tesoros que son. Y vale que puedes mirar codiciosamente los otros trasteros pensando en las maravillas que deben de esconder, pero dejar que tu faceta de pícaro salga a la luz y colarte de noche con una cizalla no es opción. Que no. Poca broma, que si elegiste el sitio fue por la seguridad que ofrece, y es difícil que les cueles que estabas interpretando a tu personaje...

Bien, nuestras cosas están a buen recaudo y a salvo de «ella». Pero nosotros seguimos siendo frikis por dentro aunque disimulemos por fuera. Así que nos toca volvernos anónimos y frikear en secreto. Podemos encontrar aliados en nuestros amigos golfos, o en los compañeros de trabajo más impresentables. Me refiero a ésos que te piden que les cubras diciendo que estabas con ellos o que están en el trabajo reunidos cuando en realidad están de juerga con los colegas y/o con la amiguita de turno. Tú pídeles que te devuelvan el favor. Paradójicamente, aumentará la estima y el respeto que te tienen, ya que pensarán que eres tan pendón como ellos (no es obligatorio que les expliques que de juerguear nada, que lo tuyo es vicio pero de otro tipo).

Aunque no parezcas friki por fuera, puedes seguir siéndolo por dentro: ten pequeños desafíos a la hora de vestirte, como hace el agente Seeley Booth en *Bones*: debajo del sobrio traje de ejecutivo nada te impide llevar, de tanto en tanto, tus calzoncillos de Superman o tus calcetines del Pato Lucas.

Retomar la amistad con aquellos que, como tú, abandonaron el frikismo en pos de la convivencia marital también puede tener sus ventajas. Si hacéis un grupito de parejas y todos os lleváis más o menos bien se pueden organizar «noches de chicas» y «noches de chicos». Es decir, dejad que ellas se vayan de marcha a desmelenarse con un orfeón brasileño para que vosotros podáis hacer lo ídem con vuestra aficiones secretas... Y es que... ¡qué cosas tiene que hacer un friki con el mono para poder ver en sesión continua los ochenta episodios (en tres pulcras temporadas) de la serie original de Star Trek!

Un truco infalible si tu chica tiene un hermano pequeño es iniciarlo en tus aficiones cuando sois novios y ella es más permisiva. Supone introducir a ese energúmeno mentecato en tu círculo íntimo, pero las ventajas a largo plazo valen la pena: años después, cuando tu cari te tenga atado y bien atado con el Anillo Único (el de boda) tu podrás escaquearte con la excusa de «voy a salir con tu hermano». Si protesta hasta puedes añadir: «es que me siento culpable, ahora ya no sale con sus amigos (claro, como que sale con los tuyos) y fui yo quien le metí en la cabeza estas malditas aficiones...».

Además, un cuñado friki es un aliado seguro a la hora de llevar a tus retoños al lado oscuro ¡y una fuente fiable de regalos útiles con buen gusto!

DURMIENDO CON LA ENEMIGA

Con la inteligencia que te caracteriza, caro lector, ya habrás adivinado que la ambición de un padre friki a la hora de frikizar a sus vástagos choca frontalmente con un poderoso adversario: la madre de los mismos. Porque resulta que esas cosas que te hacían ser «mono» cuando érais novios ahora ya no le hacen gracia. Ni mucha, ni poca... Su trabajo le ha costado sacarte las manías de encima para que ahora trates de pegárselas a los críos. Tu mujer tendría que entender que, al igual que ella, no tienes otra opción: la Madre Naturaleza ataca de nuevo. Del mismo modo que ella te buscó (por no decir que te cazó o te atrapó en sus redes) para poder reproducirse, igualmente tu personalidad friki trata de hacer justo lo mismo: reproducirse creando nuevos frikis. Eso sin tener en cuenta que, tras los años de reclusión y soledad, el sentimiento friki se ha vuelto más fuerte que nunca. ¡Ya que no nos lo ponen fácil a la hora de reunirnos con otros frikis para frikear fuera de casa, crearemos a nuestros propios colegas frikis dentro de ella!

¿Y con qué grado de oposición nos vamos a encontrar a la hora de llevar adelante nuestros maléficos planes? Pues depende de su carácter... Por cierto, supongo que realizaste la prueba magistral de internet para averiguar su verdadero carácter antes de casarte con ella. ¿Que no sabes lo que es? ¡Pero en qué mundo vives! Se trata de observarla mientras navega con una conexión lenta: si no grita no es humana, pero si tira la pantalla al suelo y la patea mejor que no te cases con ella, que lo tienes más crudo que el ascensorista de la Estrella de la Muerte.

En fin, volviendo al tema del carácter de tu mujer... parémonos a pensar un poco...

TEST GRADO DE ANTIFRIKISMO DE TU MUJER

1 **Es la hora del desayuno. Los niños tienen la típica rabieta de «no quiero comer». Se acerca la hora de llevarlos al colegio, hayan desayunado o no, que bien que lo saben, los muy cabrones. Y ante este cuadro, ella...**

A: Los deja hacer, que los niños tienen que expresarse libremente e interactuar con la comida y su entorno. Y si se manchan que se manchen, y si no comen que no coman, y si hay que rascar la papilla hasta del techo pues se rasca; todo sea por no provocarle un trauma a los críos

B: Pasa absolutamente de todo mientras lee el periódico y se toma su café. Luego ya se lo montará para que la culpa de que los críos no hayan acabado el desayuno sea tuya y de nadie más

C: Les grita a ellos, le grita al perro y te grita a ti que os comáis el desayuno sin rechistar. Y todos lo hacéis, por la cuenta que os trae...

D: Se inventa un juego para distraerlos mientras comen (vieja treta que ya usaba nuestra abuela con el «avioncito» para meternos la papilla en la boca), o te dice a ti que les hagas payasadas, o te inventes un cuento. Como último recurso los amenaza con que si no se acaban la comida no jugarás con ellos por la tarde

2 **¿Qué tipo de ropa viste? No me refiero a las ocasiones formales, ni a la ropa vieja que se pone para pintar o hacer el zafarrancho de limpieza mensual, sino a la ropa con la que se siente más a gusto, más cómoda. Más «ella».**

A: Uniforme de colegiala japonesa (katana opcional)

B: Falda hasta los tobillos, blusa abotonada al cuello y moño

C: Tejanos y camiseta

D: Traje de chaqueta

3 **¿Qué tipo de libros suele leer?**

A: Novelas románticas de *highlanders* musculosos que no llevan ropa interior bajo el *kilt* (como debe ser)

B: Sólo lee los premios Planeta. Aborrece la novela con apellido (novela negra, novela fantástica, novela histórica y tal y tal)

C: Novelas de fantasía y de ciencia ficción en general y los ganadores del premio Minotauro en particular

D: Libros de autoayuda, que es chica inquieta pero de psique maltratada

4 **¿Cual es su trabajo soñado?**

A: Bióloga marina a bordo de un velero encargada de estudiar las costumbres de las ballenas

B: Brillante investigadora científica ganadora de un premio Nobel

C: Ama de casa abnegada y ejemplar, dedicada a cuidar de su marido y de sus retoños

D: Actriz de cine, de teatro, de televisión y de lo que le echen...

5 **Su festividad favorita es:**

A: Halloween. Por lo que tiene la fiesta de macabro y la posibilidad de hacer un pelín el gamberro con el «truco o trato»

B: Navidad. Por eso de ser una fiesta entrañable y reunir a la familia en paz y armonía en torno a una mesa bien provista

C: Carnaval. Por lo de disfrazarse y desmadrarse

D: San Valentín. Es una romántica

6 **Su grupo musical preferido siempre ha sido:**

A: Wagner. Se emociona cada vez que oye *La cabalgata de las valquirias*

B: Sin lugar a dudas, Queen. ¡Con lo bien que cantaba el Freddie Mercury ése, se le perdona hasta que fuera más maricón que un palomo cojo!

C: Reno Renardo, por lo gamberros que son

D: Manowar. ¡Viva el metal!

7 **En las redes sociales tiene un perfil...:**

A: En Facebook, porque le gusta tener mil y un amigos

B: En Twitter, pues 140 caracteres se bastan y se sobran para decir lo que haya que decir

C: En Whatsapp, que ahorras una pasta en llamadas

D: En World of Warcraft, que se socializa masacrando a esos cagamandurrias de la Alianza. ¡Horda forever!

8 **¿Qué deporte suele practicar?**

A: Senderismo, que se respira aire puro y siempre ha sido un poquitín cabra

B: Pilates, que ante todo hay que tener un cuerpo diez

C: Rugby, que le encanta embestir a todo aquello (o aquél) que se le ponga por delante

D: Tenis... en la consola del salón

9 **Cuando salís a tomar algo... ¿qué suele pedir?**

A: Un batido hobbit en la Posada del Poney Pisador

B: Un Cosmopolitan

C: Un vodka Martini bien frío al estilo James Bond: mezclado, no agitado

D: Un Gin Tonic con una rodajita de naranja y dos láminas de fresa

10 **Y finalmente, a la hora del sexo...**

A: Le duele la cabeza

B: Le gustan los jueguecitos, los disfraces y las sorpresas

C: Sexo convencional, sin guarrerías que es una chica decente

D: Saca las esposas, la fusta y el *Cincuenta sombras de Grey* para repasar la posturita

---

PUNTUACIÓN:

Pregunta 1: A: 5 ; B: 10; C: 15, D: 0
Pregunta 2: A: 0; B: 15; C: 5; D: 10
Pregunta 3: A: 5; B: 15; C: 0; D: 10
Pregunta 4: A: 0; B: 10; C: 15; D: 5
Pregunta 5: A: 5; B: 15; C: 0; D: 10
Pregunta 6: A: 15; B: 10; C: 0; D: 5
Pregunta 7: A: 5; B: 10; C: 15; D: 0
Pregunta 8: A: 10; B: 15; C: 5; D: 0
Pregunta 9: A: 0; B: 15; C: 5; D: 10
Pregunta 10: A: 15; B: 0; C: 10; D: 5

RESULTADOS:

Más de 150 puntos: Mira, yo no sé si tu mujer es friki, pero lo que sí que sé es que nunca se te dieron bien las matemáticas. Vuelve a contar, anda...

150 puntos: Implacable oposición. Lo tienes crudo, chaval. Mejor dedícate a construir un puente transatlántico con palillos de dientes que será más fácil que el que tu legítima transija lo más mínimo con tus tonterías. Vende tus cosas por eBay que al menos te sacarás una pasta y las aprovechará otro.

De 145 a 110 puntos: Fuerte oposición. Cada vez que saques el tema del frikerío (o tu mujer te pille comiéndole el coco a vuestros chiquillos) se va a montar en vuestro hogar la «Guerra Caliente» (a grito pelado, vamos). Ve invirtiendo en vajilla que vas a tener que reponer los platos a menudo cuando te los tire a la cabeza...

De 105 a 45 puntos: Oposición normal. También llamada «Guerra Fría». Cada vez que se dé cuenta que has logrado frikizar un puntito más a los críos torcerá el gesto. La mayoría de las veces la cosa no pasará de los morros, que es buena chica y os quiere (a ellos y a ti). Eso sí, invierte en un sofá cómodo que alguna noche la vas a pasar en él.

De 40 a 5 puntos: Leve oposición, o «Entente cordiale». En el fondo, tu mujer es una friki en potencia, aunque se niegue a admitirlo. Con algo de suerte y mucha habilidad, podrás llevarla al lado oscuro junto a los niños.

0 puntos: Ninguna oposición. Ya puedes tirar este libro, macho, que no te va a hacer falta para nada. Me da a mí que tu mujer es aún más friki que tú.

¿SABÍAS QUE...

... si vas a Córdoba puedes disfrutar de una cerveza en El Poney Pisador y que si eres fan de la serie *Perdidos* no puedes dejar de visitar el Bharma cuando vayas a Barcelona?

FRIKIZÁNDOLA A ELLA (O CÓMO LLEVAR A LA OSCURIDAD A LA MADRE DE TUS HIJOS)

Si tu mujer no le ha declarado la guerra abierta al frikerío y a todo lo que ello conlleva, aún tienes la oportunidad de atraerla hacia tu lado. Es una labor de zapa que no se hace en un día, pero puede dar sus frutos si te dedicas a ello con paciencia. Si no puedes vencerla, ¡mejor que se una a ti!

Nuestro gran aliado será la televisión. Hoy en día ¡todo el mundo ve la tele! Incluso los *muggles* (los no frikis, vamos). Estudia su carácter y empújala suavemente hacia tu mundo. He aquí algunas directrices según sea su carácter:

¿Es soñadora y fantasiosa, y de niña le gustaban mucho los cuentos de hadas? Hazle ver *Érase una vez*, que trata sobre los personajes de los cuentos que viven en nuestro mundo. Es un culebrón con humor y amor, así que le encantará. Y hay una malvada que no lo es tanto que se merece por sí sola el visionado de la serie. Si la cosa funciona pásale el cómic *Fábulas*, de Bill Willingham, que trata de lo mismo (aunque desde un punto de vista más oscuro) y ten por seguro que será tuya...

¿Es una chica de carácter, feminista y con un punto reivindicativo? Ponle la genial serie *Buffy cazavampiros* de Joss Whedon vendiéndosela con el siguiente planteamiento: en vez de ser

¡SABÍAS QUE...

...si estás paseando por Tarragona puedes toparte con un Mazinger Z de diez metros de altura? Esta estatua fabricada en fibra de vidrio se construyó para presidir la urbanización Mas de Plata, que finalmente nunca se terminó.

una rubia la que huye de los monstruos que quieren matarla, es justo al revés; son los monstruos los que huyen de ella, y ella la que los destruye. Como empujón final puedes decirle que en la serie aparece una jovencísima Alyson Hannigan, antes de hacer *Cómo conocí a vuestra madre*. ¿Qué no le gusta esta serie? Maldición... Bueno, siempre puedes intentarlo con *Alias*, creada por J. J. Abrams antes de hacer *Perdidos* y dirigir las películas de Star Trek y Star Wars. Espías, agentes dobles, una trama enrevesada y una protagonista carismática que no para de dar bofetadas a los malos... ¡Si tiene sangre en las venas, seguro que le encanta!

¿Es romántica y suspira por las historias de amor? Pues la saga de *Crepúsculo*, macho. Sí, ya sé que como friki de verdad que eres te repatea los higadillos ver a un vampiro vegetariano que, además, ¡brilla bajo la luz del sol! Pero hay que tomarse *Crepúsculo* como lo que es: una historia de amor imposible. Y un prólogo perfecto para el *Drácula* de Francis Ford Coppola, que es también una historia de amor, pero con un vampiro de los de verdad. De ahí ya la puedes enchufar a *True Blood* y la tendrás en el buen camino.

¿Es de las que les encantan las novelas históricas? Pues nada más fácil: empieza con la serie *Roma*, de HBO. De ahí a *Juego de Tronos* sólo hay un paso.

¿Tiene un buen (y sanísimo) sentido del humor? Ponle *Los Simpson*, de Matt Groening, que llevan haciendo reír a todo el mundo más de veinticinco años, que no es poco. Y de la familia favorita de Springfield puedes saltar a *Futurama*, del mismo autor, dibujo similar, tanto o más divertido pero mucho, mucho más friki...

Si en cambio es más bien ecologista, hazle ver *Avatar*. Con cada porción de mensaje de amor a la naturaleza, se le irá metiendo por los ojos una excelente epopeya de ciencia ficción y tendrás el camino allanado para que no te rechace, a continuación, Star Wars (la segunda trilogía claro, la que se estrenó primero).

Y si es fan de las matemáticas, los ordenadores y la tecnología en general... Chico, tienes en casa una geek en potencia y lo sabes. Sólo necesita ver media docena de episodios de *The Big Bang*

Theory para darse cuenta también ella... Si duda, susúrrale al oído que es, más o menos, como *Friends* (y cállate, que puede que lo sea, pero en friki).

Es dudoso que consigas convertirla en una friki acérrima de la noche a la mañana, pero así atenuarás su rechazo cuando empieces a frikizar a vuestros retoños...

Y ten en cuenta que he dicho «empezar» y no «intentar». Como dijo alguien más sabio que tú y que yo (y más bajito, y más verde, también) ante todo, no lo intentes. Hazlo o no lo hagas, pero no lo intentes...

EL BUEN PADRE (FRIKI, POR SUPUESTO)...

... LES LEE CUENTOS A SUS HIJOS

Ni la madre más desconfiada tendrá nada que objetar a que les leas cuentos a tus hijos, sobre todo si aún no saben leer, que ver demasiado la televisión los atonta y luego se vuelven frikis como su padre... Y tú, sumiso, le darás la razón... manteniéndola en la ignorancia, pues estás justo donde querías estar: a solas con ellos... con un libro... y tu imaginación.

Comienza con algo suave. Los cuentos de toda la vida son una excelente opción para empezar. No cedas a la tentación de leerles los cuentos originales, sin censurar, que son más novelas de terror que otra cosa, y no queremos traumatizar a la prole. Tú quédate con la versión de Disney, que es para todos los públicos. O con versiones más modernas, como las que hizo Roser Capdevila en *Las tres mellizas*. (La escritora tuvo, por cierto, tres hijas mellizas en el año 1969 y empezó a escribir sus aventuras en 1983, así que me huelo yo que mucho de autobiográfico hay en las aventuras de este trío de niñas traviesas.) A tu princesa seguro que le encantan...

Si en lugar de princesa lo que tienes es un pequeño bárbaro, quizá se sienta más identificado con las aventuras de Geronimo Stilton, de la escritora italiana Elisabetta Dami. El tal Stilton es un ratón periodista, aventurero y amante de resolver misterios, pese a que siempre dice que lo que realmente le gusta es la música clásica y la tranquilidad del hogar.

Un buen padre se quedaría aquí...

Pero tú, además de ser buen padre, eres un padre friki. Y (nunca lo olvides) tienes una misión.

Empieza personalizando los cuentos. Nada demasiado complicado: que el protagonista sea niño y tenga el mismo sexo que tu retoño. Eso hará que se sienta identificado con él. Y a partir de ahí... Pregúntale qué hace. O cómo reacciona ante esta o aquella situación. Anímale a ir tomando decisiones y escribid el cuento juntos.

Y no te quedes ahí. Ya que estás cambiando el desarrollo y el final de los cuentos clásicos (y teniendo en cuenta que Pulgarcito, Blancanieves, Cenicienta, Caperucita Roja y similares tampoco dan tanto de sí, y tu retoño te va a pedir un cuento diario por

CURIOSIDAD:

Si a tus hijos les gustan los cuentos de hadas llévalos a tomarse un refresco a un bosque encantado de verdad. El bosc de les fades (El bosque de las hadas) es un local de Barcelona, junto al museo de cera, con tres ambientes: un bosque encantado, una sala de juegos y la habitación para los niños (con fantasma incluido). Mejor llévalos entre semana, que en «hora punta» suele estar lleno a rebosar...

lo menos) puedes echar mano de un generador de historias. Éste que te sugiero está basado en el sistema de Vladimir Propp, un folclorista ruso que a finales de los años veinte (del siglo pasado) postuló que todo cuento popular puede englobarse en treinta y una funciones o escenas básicas (y no sólo los cuentos de hadas; estirándolas un poco, las acciones de Propp son válidas para cualquier historia, desde *Romeo y Julieta* hasta *El Señor de los Anillos* pasando por el *Casino Royale* de James Bond). El pedagogo italiano Giani Rodari las redujo a principios de los setenta a estas veinte:

1. Prohibición
2. Transgresión
3. Fechoría
4. Viaje
5. Misión
6. Encuentro
7. Dones mágicos
8. Enemigo malvado
9. Enemigo con poderes diabólicos
10. Duelo
11. Victoria
12. Regreso
13. Llegada a casa
14. Falso héroe
15. Pruebas difíciles
16. Reparar el daño causado
17. Reconocimiento
18. Castigo del falso héroe
19. Castigo del enemigo
20. Boda y/o final feliz

Veinte... Qué casualidad... Igual que el número de caras de nuestro dado favorito...

Un ejemplo de ello es la historia de *El Hobbit*, que se resuelve con cinco tiradas de dados:

6: Encuentro(con Gandalf y los enanos)

4: Viaje

7: Dones mágicos (el Anillo Único)

9: Enemigo malvado (el dragón Smaug)

10: Duelo (la Batalla de los Cinco Ejércitos)

Así que ya sabes: tenéis el personaje (que es tu retoño, o al menos alguien muy parecido que le gustaría ser); tenéis una historia (que improvisas en un momento con varias tiradas de dados) y tu criatura puede interactuar con la historia tomando decisiones.

¿Y cómo se decide el resultado de los enfrentamientos? ¿Con dados? Pues mira, mejor que no. Sobre todo si son muy críos, funciona mejor el «piedra, papel o tijera» de toda la vida (y además, te permite alterar el resultado dejándote ganar cuando corresponda, que los niños, ante todo, quieren un final feliz).

Y sí, a lo tonto, ya tienes a tus niños jugando a rol.

Por cierto, si esto de improvisar no es lo tuyo empieza a haber juegos de rol dedicados exclusivamente a los aprendices de friki. Personalmente recomiendo Magissa, pensado para niños a partir de 6 años y de descarga en la red previo pago de la voluntad (lo puedes encontrar en www.lavondys.net. No seas rata ni pirata y suéltales algo, que se lo curran, y mucho, estos chicos de Lavondyss). También es muy interesante y adecuado para iniciar a infantes el Pequeños Detectives de Monstruos de la editorial NoSoloRol. O Winx, el (mini) Juego de Rol, publicado en el *Fanzine Rolero* de mayo del 2009, que ya tiene unos añitos, vamos... (Aún lo puedes encontrar si lo buscas en la red, pero tendrás que esforzarte un poco, que no todos los enlaces siguen activos.) Winx tiene la ventaja de que es un juego ideal para rolear cualquier serie infantil de dibus, que no es poco.

Otra opción es coger un libro juego de esos de elige tu propia aventura que se pusieron de moda hace años (y que ahora, con el revival de los retroclones, vuelven a aparecer, aunque más en formato electrónico que en papel, por desgracia). Y lo mismo. Léeselo al crío y que él decida. La pega es que el pequeño comedor de mocos puede ponerte en más de un apuro si elige una opción no prevista en el libro.

Y lo hará. Eso tenlo por seguro.

¿SABÍAS QUE...

... la publicidad subliminal en el cine existe? En *Missing (Desaparecido)* los buenos beben Coca Cola y los malos Pepsi. En *Pulp Fiction*, Vincent le cuenta a Jules cómo llaman en Francia a las hamburguesas de McDonald's. Cuando Jules le pregunta cómo llaman a las de Burger King le responde, secamente: «No lo sé. No fui a ningún Burger King». En *La búsqueda* los buenos hacen sus ídem por internet con Google; los malos, en cambio, usan Yahoo!

... JUEGA CON SUS HIJOS

Sin duda, al principio te pareció una buena idea: «Tranquila mujer, tú vete a la pelu / a hacerte la manicura / a darte un masaje / a salir a tomar una copa con las amigas, que no las ves desde el embarazo, y así desconectas un poco, que ya me quedo yo con el bebé...»

Y te las prometías tan felices: el crío en la cuna o en esa jaula para bebés que montó tu suegra en el comedor, tranquilito y haciendo lo que sea que hagan los bebés, mientras tú te relajas eliminando a un par de cientos de tipos (o los que se te pusieran por delante) en el Battle Field.

Hasta que...

... justo cuando has empezado...

... cuando estás en lo mejor (o al menos al inicio de lo mejor)...

el crío se pone a llorar.

Y claro, dejas la partida, te matan por no guardar, vas a ver qué le pasa...

... y el cabroncete se ríe.

Que se sentía solo y buscaba compañía.

Tampoco es tan raro. Piensa que los bebés son criaturas desvalidas, susceptibles de ser devoradas por cualquier bicho si están lejos de sus padres, por lo que necesitan sentirse protegidos. Así que ya sabes... ¡Ponlo a tu lado y arrúllalo con los sones de las ráfagas de la M16 y los gritos de tus enemigos al morir! Cuando empiece a alzar la cabeza y enfocar la vista se sentirá atraído por la pantalla, llena de colores y movimiento (ve poniendo el juego en modo «violencia gore extreme NO» para no crearle un trauma al crío) y cuando se dé cuenta de que es una especie de competición empezará a corearte. ¡Qué mayor orgullo para un padre que ver a su hijo celebrando sus masacres desde su más tierna infancia!

(Si los ruidos de tus masacres le hacen llorar aún más y no te acostumbras a jugar sin sonido, tendrás que dedicarte a juegos cortos en los que puedas estar salvando cada poco tiempo para poder ocuparte de tu hijo. Lo de ponerse auriculares y pasar de todo no es una opción.)

Pero claro, el bebé crece y la madre se ha acostumbrado a esto de dejaros a los dos solos, «que os lleváis muy bien».

¿A qué puedes jugar con tu hijo dentro de casa?

Pues ve cogiendo los playmobil del crío o figuritas de plástico articuladas similares. De esas que (con mejor gusto del que pensaban) le regalaron al crío los suegros. Y es que vas a necesitarlos para jugar al famoso:

WARGAME DEL CORDÓN DE ZAPATO:

Para este juego deberás montar una escenografía básica en el suelo, o en la mesa del comedor si el niño puede llegar a ella sin problemas. Ése será el escenario de batalla. Te lo puedes currar más o menos; lo importante es no jugar en un terreno pelado, sin accidentes geográficos, que el juego se vuelve muy aburrido. Puedes usar las piezas del juego de construcciones del niño para hacer una fortaleza, o casas, o ruinas, y con libros apilados aquí y allá tendremos montañas y desniveles. Se reparten los playmobil formando dos ejércitos (debes colocarlos a una buena distancia uno del otro; cosa de un metro más o menos), trincas una esponja de baño de las baratas (a ser posible limpia y que no se vaya a usar, que si no es una guarrería) y un cordón de zapato con un nudo en el centro (que por cierto, da el nombre a este reglamento) y ya se puede empezar.

El objetivo, claro está, consiste en aniquilar al ejército contrario o capturar su campamento. Para ello tienes que hacer avanzar a tus soldados. Cada figurita puede disparar dos veces si no se mueve, una vez si avanza hasta la mitad del cordón (hasta el nudo que has hecho, vamos) o ninguna si recorre toda la distancia del cordón. Puede dispararle a cualquier figurita enemiga que esté a su alcance. ¿Y cuál es su alcance? Lo has adivinado: el que dé el cordón. ¿Que cómo se dispara? Pues lanzando con toda la puntería posible la esponja. Si la figura enemiga cae (y los playmobil tampoco es que gocen de demasiada estabilidad), la hiere, y pasa a estar sentada. Si la tocas otra vez y la mueves (es dudoso que se caiga; mejoran mucho la estabilidad sentados los muñecos estos), ¡enemigo eliminado!

Para capturar el campamento enemigo pon en el extremo de la zona de despliegue de los ejércitos una banderita, o libro, o marca de tiza en el suelo. Ése es el campamento, y si una figura enemiga llega a él, gana la batalla.

Juega con tu hijo, no le hagas trampas y deja que él te haga alguna que otra (pero tampoco demasiadas). Descubrirás que, en el fondo, hasta te diviertes con el enano. Y, cuando llegue el momento y le enseñes tus ejércitos de Warhammer... sabrá qué hacer con ellos.

En el exterior (un patio o jardín, por ejemplo, si dispones de uno) podéis jugar con pistolas de agua. Resulta una opción divertida sobre todo en verano, pero cuidado con empaparos la ropa o poneros perdidos justo antes de ir a ver a tus suegros, o habrá bronca segura en casa. Otra opción es esgrimir espadas de espuma y pelear con ellas, que no hacen nada de daño (aunque no durarán mucho; no están hechas para soportar la furia incontrolada de un niño sano, te lo digo por experiencia) o balearos con pistolas de proyectiles nerf (que son dardos de espuma que tampoco hacen daño. Cuidado con las imitaciones, que son más baratas, pero no tan seguras).

Y bueno, claro... siempre podéis jugar al fútbol, que es un clásico...

... LES AYUDA A VESTIRSE

No dudes en mostrar al mundo que tu hijo es descendiente de un friki, heredero de una orgullosa estirpe. Ni ositos, ni bordaditos, ni tonterías. Haz que luzca bodis con dibujos del Pacman o el Tetris, o de SuperMario, o luciendo una hoja de personaje de D&D con «Carisma 18». Al principio tu mujer te mirará un poco de reojo, hasta que alces a tu hijo por encima de tu cabeza y le digas: «¡Mira qué mono está!» Y como verá que lo dices en serio, rebosante de orgullo, transigirá. Además, es cierto que el niño estará muy mono (todos los niños lo están...). Luego, cuando crezcan, ya pasaremos a la opción de camisetas con eslóganes más apropiados. Y, con el tiempo, puede que hasta hereden tu amplia colección de prendas frikis.

... LES ENSEÑA A TENER SU HABITACIÓN ORDENADA

Es habitual que los tíos, los abuelos o los amigos les regalen juegos molones a tus retoños. Y lo hacen con la mejor intención del mundo, pero a una edad a la que no los van a saber apreciar. Y tú sufres sabiendo que cuando tu pequeña bestezuela le eche mano, a ese peluche tan majo que reproduce hasta el más mínimo detalle a un ewok de Endor le quedan dos telediarios. Puede que menos. Así que el padre friki tiene que ser rápido y, al grito de «¡Ya te lo guardo yo!», hacerlo desaparecer en el interior de algún armario de difícil acceso.

El buen padre (friki) también colabora en la limpieza del cuarto de los niños (quién te lo iba a decir a ti, que tenías una leonera en casa de tus padres que parecía más una madriguera de orcos solteros que una habitación), aunque sus razones reales son bastante interesadas. La primera y más importante es evitar que se declare una pandemia zombie cuyo foco de infección sea vuestra casa, especialmente cuando tus monstruos lleguen a la pubertad y su dungeon huela como la despensa de un necrófago. Durante esa etapa dejará de hacerte gracia su costumbre de «guardar» a patadas los calcetines sucios debajo de la cama.

Luego está el problema de sacar la basura. En la habitación de un niño puedes encontrar cosas tan andrajosas y sucias que ni el contenedor las querría. Suelen ser sus juguetes favoritos, así que te vas a encontrar con una férrea oposición cuando te dispongas a tirarlos, aunque sea a cambio de reemplazarlos por nuevos. Ante esta situación tienes dos opciones. Una es «ordenarle» la habitación cuando no esté. Con ello estimularás su ingenio, porque después de la primera «limpieza» empezará a ocultar sus tesoros en escondrijos cada vez más imaginativos y difíciles de encontrar (al menos para ti, que te conoce bien y ya sabe de qué pie cojeas). El único problema es que salga más listo que tú y no le encuentres los zulos... Pero bueno, ver a tu hijo emular de tal manera al mismísimo Han Solo es algo de lo que sentirse orgulloso. Si no sale friki, al menos tendrá futuro como contrabandista.

La otra opción es la negociación. Todo hombre tiene un precio, y todo hijo de friki, también. Mi sufrida madre logró comprarme el osito apestoso de color indeterminado que me había acompañado toda la infancia por una novela gráfica y el equivalente de unos treinta euros en las antiguas pesetas. Ahhhh, qué mal me sentí a posteriori (después de fundirme el dinero en chuches y leer el cómic, claro).

Hay dos factores más por los que al padre friki le interesa colaborar en la limpieza de la leonera de sus niños. El primero es tener una excusa para apropiarse de esos objetos de coleccionista que no fue lo bastante rápido a la hora de ratear cuando se los regalaron al crío (véase la sección de «regalos molones» un par de párrafos más arriba). La otra razón es poder «premiarles». La táctica es la siguiente: les dices muy serio, y mientras tu mujer te mira entre encantada y sorprendida por la iniciativa, «si el fin de semana tenéis ordenada vuestra habitación, el sábado nos vamos a comer al (tu restaurante de comida basura favorito, que tienes mono de conservantes, colorantes y colesterol)». Y con la excusa de «ayudarles» en realidad el que ordena eres tú. ¡Lo que hay que hacer por un cubo de seis piezas de pollo frito con rebozado extracrujiente y picante!

... LOS CONTROLA CON LAS NUEVAS TECNOLOGÍAS

Como buen padre que eres, te preocupa con quién se relacionan tus hijos. El topicazo de las «malas compañías». En nuestro siglo XXI, con las amistades virtuales y la proliferación de las redes sociales, el tema puede desmadrarse un poquito. Pero no es un problema imposible de resolver. Tú, además de ser su padre, eres un friki. Tienes tus recursos.

Lo primero es concienciar a tu retoño. Es importante que no acepte todas las solicitudes de amistad que le lleguen. Hazle reflexionar un poco. Pregúntale cuántos amigos tiene en la vida real; amigos a los que conozca, de los que sepa los nombres y les haya visto la cara. Como mucho conseguirá nombrarte a unos cincuenta. Con un sencillo cálculo matemático (acompañado de gráficos, si es preciso), explícale que si cada uno de esos cincuenta amigos tiene a su vez tan sólo diez amigos no comunes ya serán quinientos los desconocidos que tienen acceso a los datos personales (o íntimos) que suba a la red. Explícale la anécdota del tipo que perdió su empleo porque pidió al jefe salir una hora antes del trabajo «porque no se encontraba bien» y al día siguiente apareció etiquetado en una foto de facebook, absolutamente ebrio a altas horas de aquella noche. O el que presumió tanto de que se iba un mes de vacaciones a Japón que a la vuelta se encontró el piso vacío y una nota de agradecimiento por haber publicitado las fechas en que la casa estaría «disponible» por la red). Ved juntos el decimoquinto episodio de la quinta temporada de *Castle*, en el que raptan a Alexis (la hija del prota) porque da absolutamente todos los detalles de su vida privada en su videoblog (así tienes una excusa para volver a ver la serie, que va de un friki escritor de éxito y millonario enamorado de una tipa jamona. ¡Yo también quiero ser Castle!).

Si esto no le hace reflexionar, prueba a darle un susto. Crea un perfil falso, envíale una solicitud de amistad y, si te la acepta, desenmascárate para demostrarle que podrías haber sido cualquiera.

Lo menos grave, un pederasta. En resumen, se trata de que tenga cuidado a la hora de editar su perfil en las redes sociales, y que tenga más cuidado aún sobre lo que dice y a quién se lo dice. Para evitar futuros sustos, podéis configurar juntos su privacidad. Y de paso repasa también tu perfil, majo, que ya se sabe que es más fácil ver la paja en el ojo ajeno que la viga en el propio.

Y por supuesto, ten un ojo puesto en sus actividades virtuales, claro. Consulta de vez en cuando su perfil público para asegurarte de que no se esté metiendo en líos. Para que no parezca que sólo lo espías, también podéis jugar al WoW (u otro juego de rol multijugador), que los juegos *online* también son redes sociales, y vencer enemigos juntos y gobernar las galaxias como padre e hijo une mucho.

CURIOSIDAD:

Si no hay manera de que tus críos coman, prueba llevándolos al Gourmet A-320. Es un restaurante barcelonés decorado como si fuera el interior de un avión. Tiene dos ambientes (la zona de pasajeros y la cabina del piloto) que los dejarán con la boca abierta.

... LES PREPARA LA COMIDA

Un buen padre procura que sus monstruitos no pasen hambre, pero no es habitual que se lancen sobre todo lo que se mueve para llevárselo a la boca como hacía el jovencito Conan (no para comérselo, por lo menos). Es decir, que a veces lo de «no me gusta» está a la orden del día y tus trabajos tienes para que se coman la comida sana y equilibrada que su madre, con muy buen sentido, ha puesto en el plato. (Lo malo es que tú tienes que predicar con el ejemplo y vuelve a haber espinacas, puaj...)

Sin embargo, cualquier chef te dirá que el secreto de un plato muchas veces está en la presentación. Hace falta que «entre por los ojos» antes de hacerlo por la boca. Así que aquí tienes cuatro consejos para convertir a tus críos en verdaderos gremlins. Con el bote de ketchup y algo de imaginación puedes hacer maravillas y convertir un soso plato de puré de patatas en un *smiley*. Los platos combinados ofrecen infinidad de posibilidades: los espagueti con tomate pueden pasar por barba, la lechuga puede convertirse en pelo y un par de albóndigas en ojos, y si pones arroz o puré de patata de fondo ya tienes una cara. Sé creativo y haz caricaturas, siluetas, paisajes... Al menos a tu hijo le harán gracia y preferirá que sea papá quien le lleve la comida a la mesa (y a lo mejor, sólo a lo mejor, hasta se la come).

Las ensaladas serán más divertidas si les pones encima una figurita de queso cuidadosamente recortada. Puedes empezar con algo sencillo, como un hombre de jengibre de Shrek, y a partir de ahí ir soltándote según vaya mejorando tu arte.

Una sencilla pizza margarita gana mucho si colocas con arte el queso sobre la base de tomate, la capa de queso no es demasiado gruesa y no la horneas demasiado. Así podrás hacer los dibujos que prefieras y quedarán molones. O puedes escribirles un mensaje con anchoas si el fondo es blanco. O vuélvete loco y haz la cara de Darth Vader con trocitos de oliva negra.

El broche de oro es darle monstruos para comer. Sí, sí, lo que oyes. Confiésales que el monstruo de debajo de la cama existe (pero que no se lo digan a mamá para que no se asuste) y que papá es un gran cazador de monstruos y lo has asado para coméroslo. El truco consiste en servirles un pavo al horno que habrás deformado previamente con tiras de bacón dispuestas artísticamente por encima, varias patas de calamar o pulpo (cocidas aparte, no hay que ser bruto) en la parte delantera y una pinza de bogavante a cada lado del bicho. Como habrás cocinado todos los ingredientes por separado los sabores no se habrán mezclado, así que será perfectamente comestible. Y si se lo comen puedes estar seguro de que tienen madera de friki: tu prole no le tendrá miedo a nada que intente comérselo, más bien todo lo contrario, ¡aunque sea el mismísimo Cthulhu resucitado!

... Y SE ASEGURA DE QUE RECIBAN LOS JUEGOS Y JUGUETES ADECUADOS PARA ELLOS

Lo que te voy a contar ahora no es nada nuevo, así que no tengas remordimientos. ¿En tu casa no teníais una maqueta de trenes? ¿No te la regaló tu padre? ¿Y quién jugaba? ¡Pues tu padre! ¡Como que la compró para él! De hecho, Ibertrén, que así se llama la empresa líder del sector en este país, se dedica exclusivamente al modelismo ferroviario en el sector de adultos desde 2004. Pero claro, quedar para ver trenecitos dando vueltas y más vueltas no es ser friki, no, qué va.... Lo mismo pasaba con los circuitos de coches de carreras (el Scalextric de toda la vida, vamos): los padres los compraban para poder jugar ellos (y hoy en día aún existe una interesante comunidad de seguidores que coleccionan los diferentes modelos, los personalizan y se reúnen a echarse unas carreritas). Pues oye, si tu santo padre lo hacía (que en paz descansa porque desde que se jubiló no hace otra cosa que dormir), pues tú igual: regálale a tus críos esa maqueta de coche teledirigido que te encanta, o la del avión, o la fidelísima reproducción de la Estrella de la Muerte... Y estrecha lazos con tus criaturas negociando que te lo dejen a cambio de que ellos jueguen un ratito con algún juego de los tuyos (cuidado con lo que les dejas, no sea que acabes haciendo un mal negocio). Y no, lo de regalarle un coche descapotable no creo que cuele aunque tengas +100 en Carisma y Charlatanería al 250 %.

Del mismo modo, por muy frikis que parezcan tus pequeños monstruos, hay que tener cuidado con los regalos que alguien aún más friki que tú pretenda encasquetarles (que se trata de frikizarlos, no de traumatizarlos). Para muestra un botón, bueno, un par. El fabricante de juguetes Martin Kittsteiner sacó hace unos años sus Mentally Ill Toys: ¡una línea de peluches con enfermedades mentales! (http://www.parapluesch.de/.) En la colección había desde un cocodrilo que odiaba el agua hasta una tortuga con depresión, pasando por la serpiente con alucinaciones y la oveja con trastorno bipolar... Vamos, una serie de peluches de mirada tristona; eso sí, todos llevaban su historial médico explicando su enfermedad y el tratamiento recomendado. Puede que resulten útiles si a los críos les da por jugar a los psiquiatras en vez de a los médicos... Aunque dicen que el que más éxito ha tenido es el cocodrilo hidrofóbico, para mí el mejor es la oveja con doble personalidad, que es reversible y se transforma en lobo. ¡Al menos tienes dos peluches en uno!

Luego está cuando los amigos confunden lo friki con lo asqueroso. Que me pregunto yo... ¿Tantas críticas a que jugaras con el Blandi Blub, esa especie de moco asqueroso, para acabar regalándole a tu niña una muñeca que se caga de verdad? La muñeca se llama Baby Alive y la comercializa Hasbro. En la misma línea pongo yo al Goco Lui, juego que consiste en ir sacándole mocos por la nariz al muñeco hasta que, en plan ruleta rusa, coges el que está conectado con el cerebro... ¡y le salta la tapa de los sesos! Tampoco me hacen demasiada gracia el Cocolín, de sobrenombre «el muñeco pedorro», o el Oozers, cuya «gracia» está en supurar pus por los poros cuando lo estrujas... pringándote la mano en el proceso, por cierto.

En la cúspide de los juguetes inapropiados que se pasan tres pueblos están la almohada hinchable de Supermán (con una pinta de muñeca hinchable que espanta); los animales de peluche destripados porque supuestamente los ha atropellado un coche (Roadkill toys, que se llaman) y los muñecos de bebés deformes o con amputaciones, que son asquerosos incluso para mí. Palabrita de friki supremo. Su página web, por si tienes curiosidad (y estómago), es http://www.autopsybabies.com/main.html.

Y luego están los juegos peligrosos. Antes he mencionado pistolas nerf de proyectiles de espuma o espadas del mismo material. No problemo. ¡Pero de eso a jugar con pistolas que disparan proyectiles duros, como la SupaSplat Splatblaster hay todo un mundo de diferencia. O la espada de la película *Kung Fu Panda* ¡que era de plástico rígido! O el Ballzillon Tug Boat, un bote hinchable comercializado por Play Center que tiene una fabulosa facilidad para volcar y hundirse en el agua. ¡Ideal para niños pequeños! Eso sin contar los juguetes con piezas pequeñas que los tiernos infantes se pueden tragar alegremente, con esa manía que tienen de llevárselo todo a la boca.

Frikis, pero con criterio. Por favor.

MÁS FUENTES DE CONSEJOS PARA SER BUEN PADRE EN LA RED

El blog «Padre, Marido y Friki» (http://www.erekibeon.com/blog/) de Francisco Morales (Erekíbeon en la red) es una fuente inacabable de buenos consejos y mejores ideas para esto de educar frikeando a tus niños.

Crónicas de una familia friki (http://beldamy.blogspot.com.es/). ¿Qué puede salir de la unión de un papá gamer y de una mamá otaku? Pues eso nos cuentan en este blog, lleno de anécdotas con mucho sentido del humor.

TEST NIVEL DE FRIKISMO EN LA INFANCIA

Tu vástago va creciendo y empieza a apuntar maneras. Pero ¿son maneras de friki o de persona vulgar y corriente? Hazle este test cuando tenga alrededor de cinco años para ver si vamos por buen camino o has fracasado en tu intento de frikearle casi antes de empezar con ello:

1 **¿Cómo tiene la habitación?**

A: Inmaculada, porque se la ordena a diario su madre. Hasta la cama está perfecta, ya que no duerme en ella. Duerme en la vuestra, con vosotros. «Entre» vosotros, concretamente

B: Está bastante más ordenada que la tuya cuando vivías con tus padres... a los veinticinco años

C: Parece un campo de batalla entre orcos y vikingos con banquete de celebración incluido más terremoto ocasional y rematado por un huracán que pasaba por allí, en plan despistado

D: Le ha prendido fuego. Otra vez

2 **¿Cuál es su juguete favorito?**

A: Un peluche

B: Una calculadora

C: Una reproducción hinchable de la Estrella de la Muerte que usa como pelota

D: Un petardo

3 **¿Qué relación tiene con sus primitas (o primitos si es una niña)?**

A: Se pasan el rato dándose besitos y haciéndose mimos. Hasta te resulta un poco embarazoso

B: Se ignoran

C: Juegan juntos y se lo pasan genial. Aunque a veces discuten y montan dramas, en seguida se les olvida

D: Se llevan de manera entrañable. Entrañable de «entrañas», que si pudiera les sacaba las tripas

4 Su comportamiento en el jardín de infancia es...

A: No quiere ir porque no dejan que su mamá se quede con él

B: Serio. Responsable. Modélico. Demasiado modélico. De hecho, hasta la directora del centro se pone nerviosa cuando se queda a solas con tu criatura

C: Al principio lloraba cuando lo llevabas y ahora llora cuando lo sacas porque quiere seguir jugando con los otros críos

D: No lo sabes. Ya no lo aceptan en ninguno

5 Honestamente... ¿qué relación tenéis?

A: Hostil. Sabe que soy su gran rival por el amor de su madre

B: No me dirige la palabra. Tampoco me preocupa; no le habla a nadie

C: Es mi bárbaro / Es mi princesa

D: Ninguna relación. Lo esquivas siempre que puedes desde aquella noche en que te despertaste y te lo encontraste junto a tu cama con un cuchillo de cocina

6 ¿Cómo son sus amiguitos?

A: No tiene. Sólo juega con mamá

B: Tiene un montón. Todos imaginarios (o al menos invisibles)

C: Tiene un grupo de coleguillas con los que vive un montón de aventuras, a veces imaginarias y a veces muy pero que muy reales

D: Tiene varios, todos de tu edad. Jurarías que alguno de ellos hasta tiene tatuajes

7 ¿Qué es lo que más le divierte?

A: Estar cerca de su mamá. El lugar o la actividad le da igual

B: Visitar museos

C: Las cosas nuevas y/o espectaculares, que le llamen mucho la atención

D: Intentar cazar al gato del vecino. No sabes qué planea hacer con él y no te atreves a preguntar

8 **¿Qué es lo que siempre pide a los Reyes y no puedes o no quieres darle?**

A: Que los Reyes se te lleven a otra casa donde hagas más falta y quedarse solo con su mamá

B: Un juego de química (tienes miedo de que envenene al perro, o te llene la casa de humos apestosos, o que se convierta en Hulk con algún brebaje, que capaz es...)

C: Un castillo. A tamaño natural. Con soldados de verdad, una armería con armas de verdad, unos establos con caballos de verdad y un bosque con dragones

D: Una escopeta de caza de las de verdad

9 **¿Cómo suele vestir?**

A: Con la ropa que le pone mamá. Es más, cuando no miráis se pone la ropa de mamá

B: Correcto y formal. De hecho, ha pedido un traje con corbata

C: A la que os despistáis su madre y tú, sale a la calle con el disfraz de enano de la Tierra Media. Hacha incluida

D: Con ropa rota, sucia y ensangrentada. Lo malo es que la sangre no suele ser suya

10 **¿Cuál es su comida favorita?**

A: La teta de mamá

B: La sopa de letras, que así va leyendo mientras come

C: Gominolas espolvoreadas con azúcar efervescente super ácido. Aún no se te han recuperado las papilas gustativas de la vez que probaste una para ver a qué sabían

D: Carne poco hecha. Si aún sangra, mejor

Mayoría de respuestas A: Me temo que tienes a tu vástago un poco demasiado apegado a su madre... Si no tienes cuidado se convertirá en un pequeño Robert Arryn. Intenta despegarlo un poco (con una palanca si es necesario).

Mayoría de respuestas B: Te acompaño en el sentimiento. Tu hijo es serio, responsable, estudioso, ordenado... ¿A quién habrá salido? Porque a ti, seguro que no...

Mayoría de respuestas C: Puedes estar orgulloso. Vas por buen camino. Tu hijo apunta maneras de friki.

Mayoría de respuestas D: Macho, tú no estás criando a un friki... ¡Tú estás criando a un goblin!

EL PADRE FRIKI Y EL COLEGIO

CUANDO LOS MAESTROS FRIKIS INVADEN LAS AULAS...

Piénsalo: el primer juego de rol nació en 1974. En nuestro país se publicó diez años más tarde (bueno, once, pero ya desde principios de los ochenta había elegidos que lo jugaban en la lengua de Shakespeare). Así que olvídate de la imagen del friki adolescente y empieza a pensar en la imagen del adulto friki (de hecho, ya puestos, mírate al espejo y admite de una puñetera vez la realidad: ERES un adulto friki. Ni adolescente, ni siquiera joven. Lo siento, pero alguien tenía que decírtelo). Los frikis ocupamos hoy en día todos los escalones de la sociedad, incluso la docencia.

Así que no deberías sorprenderte si te hablo de iniciativas frikis llevadas a cabo en los centros de estudio por profesores frikis... Y que, por cierto, funcionan francamente bien.

Empecemos (pues hay que empezar por alguien) por la experiencia de Roberto Alhambra, docente, rolero y autor de narrativa fantástica (que no es poco). En el centro en el que imparte clases de matemáticas en primaria, propuso que los alumnos hicieran poliedros regulares de cartón en clase de plástica. Y claro, no pudo evitar ver en ellos los dados de cuatro, seis, ocho, diez, doce y veinte caras que tanto nos identifican. Así que valientemente les dijo a sus veintiún alumnos que numeraran las caras del icosaedro (el dado de veinte caras), ¡y les hizo una partida de rol!

Bueno, no exactamente. Que veintiún niños de nueve años son mucho niño apelotonado; incluso para un rolero experimentado. El docente hacía de cuentacuentos, interpretando el papel de rey Arturo, y los niños eran sus caballeros y caballeras. Habían raptado al príncipe (que no la princesa) y ellos debían rescatarlo. Los alumnos se dividieron en tres grupos de siete y tuvieron que ponerse de acuerdo para resolver las seis pruebas que debían pasar de la forma más inteligente y eficaz. Finalmente el profesor remató la actividad en clase de lengua, encargándoles una redacción en la que explicaron su aventura. Todo aderezado con bandas sonoras de películas e imágenes y fragmentos visuales que se proyectaban para los alumnos. Tradicionalmente el rol se ha aplicado a explicar sociales (en concreto historia, porque facilita la inmersión en la época), así que una experiencia que englobe matemáticas, plástica y lengua es, cuanto menos, curiosa.

NOTA:

El propio Roberto te puede contar más extensamente su experiencia en las aulas en
bastionrolero.blogspot.com.es/2013/04/aliados-del-bastion-aventura-4-b-por.html

Otra iniciativa para llevar las aficiones frikis al terreno de la docencia la tenemos en el blog «1D10 en la mochila» (http://1d10enlamochila.wordpress.com/). El autor, Ignacio Maté, es un profesor de ESO que propuso a sus alumnos imaginar alternativas al ocio digital. Constató, bastante asombrado, que no tenían ningún conocimiento de juegos que no fueran el parchís, el ajedrez, las damas, el Monopoly o el Risk. Así que inició actividades con el apoyo de juegos de tablero (los *boardgames* que dicen los anglosajones y suena más molón). El profesor lleva en el blog una especie de cuaderno de bitácora de sus experiencias. En su clase, los alumnos recrean batallas históricas, toman decisiones geopolíticas sobre mapas de época y, en general, se divierten estudiando, con lo que entienden mucho mejor la materia que si se la explicaran de forma convencional y no de una manera tan dinámica. Además, el blog tiene una sección de anécdotas que me han hecho saltar las lágrimas de risa hasta a mí, ¡que soy más soso que un droide de protocolo!

¿SABÍAS QUE...?

...muchos consideran que el beato mallorquín Ramon Llull (Raimundo Lulio en las crónicas castellanas) diseñó ya en el siglo XIII el primer ordenador. Era una «máquina lógica» que permitía, mediante un complejo mecanismo de engranajes, manivelas, diales y palancas, revelar la verdad o falsedad de cualquier postulado lógico (bueno, al menos en teoría). Pese a ello, la santa patrona de los informáticos es santa Tecla. Evidentemente.

... Y CUANDO LOS PADRES FRIKIS LES APOYAN

Me dirás con la agudeza mental que te caracteriza que estas iniciativas, por muy loables que sean, chocan frontalmente con *el modus operandi* de la docencia en nuestro país, y que por muy valiente que sea el profesor que trate de llevarlas a cabo se va a estrellar contra la cerrazón de sus colegas de profesión, y sobre todo de la asociación de padres, que algunos de ellos parecen recién sacados de la Edad Media en lo que a innovar se refiere.

Pero claro, del mismo modo que el rey Theoden no luchó solo en el Abismo de Helm, tampoco vas a dejar tú, padre friki concienciado, que los valientes maestros frikis peleen solos en esta batalla...

¿Es que no vas a luchar para que tus hijos tengan acceso a una educación de calidad (y si además es friki, mucho mejor)? ¿Ni siquiera vas a alzar la mano cuando se empiece a oír aquello de «¡Cuenta con mi arco! ¡Cuenta con mi hacha!». Como buen padre responsable que eres, supongo que serás miembro del AMPA. No nos engañemos; hay mucho pasotismo en las Asociaciones de Madres y Padres de Alumnos de muchos colegios, y normalmente los cargos de poder (presidente, secretario y tesorero) se los reparten tres amiguetes bien avenidos. Funcionan de modo asambleario, pero como muchos padres «pasan» de ir a las reuniones y cuando lo hacen votan aborregadamente lo que se les propone sin discusión, el cotarro lo manejan ellos de manera casi dictatorial. Pero tú puedes cambiar las cosas... ¿Qué pasa? ¿Es que tienes miedo de enfrentarte a semejante mafia? ¿Y tú te consideras friki? ¿Tú que, como Clint Eastwood en «El sargento de hierro», has bebido más refrescos, has comido más chuches, has masacrado más orcos y has conquistado más galaxias que todos los padres (y madres) de la asociación juntos? (Bueno, la cita no es exactamente así, pero tú ya sabes por dónde voy.)

No seas cagueta y preséntate a la próxima candidatura. Haz una labor previa de concienciación entre otros padres frikis (que los hay, que cada día somos más y además estamos de moda) y pídeles el voto. Divide a tus adversarios políticos con las sucias estrategias que aprendiste jugando al Machiavelli y otros juegos de negociación y puñaladas por la espalda. Si no te ven como una amenaza y te desprecian no se molestarán en hacerte frente y arrasarás. Y si se dan cuenta de que tienes más posibilidades de las que pensaban, aún mejor: les entrará el pánico, saldrán varias candidaturas en tu contra y dividirán el voto hostil.

Una vez hayas conseguido un peso específico en el AMPA del colegio del crío tendrás suficiente fuerza para apoyar a esos profesores que tanto molan y que realmente necesitan tu ayuda.

¿El colegio de tu crío no tiene AMPA? Pues mira, mejor me lo pones. Si es colegio público o concertado es obligatorio que haya una asociación de padres. Lo que no es obligatorio es que los padres se apunten a la asociación, claro. Pero verás, según la ley de asociaciones se requiere un mínimo de tres miembros para formar una asociación... Busca a dos amiguetes frikis cuyos hijos estén en el colegio, montad vuestra AMPA y exigid formar parte del Consejo Escolar. Cualquier dictador de «república bananera» vendrá a pedirte consejo si tomas el poder con semejante golpe de estado.

Y si se te despierta la ambición, desde la Asociación de Padres del colegio del crío puedes presentarte a delegado del CEAPA (Confederación Española de Madres y Padres de Alumnos) y proseguir tu carrera política para dominar mañana el país y la semana que viene el mundo... (risa maléfica del malvado Doctor Maligno de fondo, *please*). Pero, de momento, preocúpate por la educación de tu hijo. De la dominación del mundo mundial, si quieres, ya hablaremos en otro libro.

NORMAS Y PROTOCOLO PARA HABLAR CON EL PROFESOR DE TUS HIJOS

Antes, cuando un padre acompañaba a su hijo a ver al profesor (porque el profesor lo citaba) el niño iba temblando de miedo. Ahora, el crío está muy tranquilo... ¡Los que tiemblan son el padre o el maestro, según quién haya sido el que ha concertado la reunión! Si es el profesor el que cita al padre, es para echarle en cara la mala educación, y peor ambiente, que recibe el niño en casa, y que sin duda son la razón de que haya redecorado las taquillas del vestuario de las niñas con excrementos frescos. Si tu pasado como friki es de dominio público, tienes un problema: muy arteramente, la escuela te declarará culpable de todo (hasta del asesinato de Kennedy, si se tercia) y recomendarán que tu hijo visite al psicólogo... A ser posible, al de otro centro. Como en otros aspectos de la vida, recuerda a los héroes de los que eres fanboy y piensa en lo que harían el capitán Kirk o el capitán Picard en esta situación. En efecto, emprenderían una única acción: ¡atacar! Entra diciendo: «¡Menos mal que me ha llamado! ¡Estaba a punto de hacerlo yo!». (Soltarle «Silencio, mantén tu lengua bífida tras tus colmillos. No he vencido al fuego y a la muerte para intercambiar falacias con un gusano sarnoso» quizá sea pasarse un poco, por mucho que mole citar a Gandalf...) Acto seguido, empieza a preguntarle cómo es posible que tu hijo haya sacado tan malas notas, con lo que se esfuerza en casa y lo mucho que estudia. No le dejes contestar. Que quede muy claro que la culpa del bajo rendimiento escolar del crío es suya (del profesor, claro; tú tienes que salvar el culo, amigo) e insinúa que a lo mejor no sabe hacer su trabajo. Usa toda esa labia que San Gary Gigax te ha dado y déjale tembloroso balbuceando excusas...

(Si eres tú el quien ha citado al profesor para hablar del bajo rendimiento académico de tu hijo, la estrategia es exactamente la misma: no dejar hablar al pobre profesor...)

Y luego ayuda a tu hijo a estudiar, que sin duda buena falta le hace...

LA EDUCACIÓN EN CASA

Regla número uno (importantísima en esto de ayudar a estudiar a tu hijo): no se trata de que tú le hagas las tareas que le mandan en el colegio, por mucho que resulte más rápido y fácil chivarle los resultados que conseguir que los conceptos difíciles entren en su obtusa cabeza, que tú lo quieres mucho, pero a veces lo matarías y cualquier juez te absolvería...

Ahora en serio, muchos de los problemas de nuestros hijos a la hora de aprender pueden deberse a que no prestan la suficiente atención a las explicaciones del profesor, que además suelen aburrirlos soberanamente... En casos extremos, tendríamos una patología llamada, precisamente, TDAH (Trastorno por Déficit de Atención con Hiperactividad). Lo que antes se conocía como un «niño demasiado movido», vaya. Se da más en niños que en niñas, y en casos muy agudos puede marcarlos para toda la vida, pero hoy en día, afortunadamente, tiene tratamiento si se diagnostica a tiempo.

Pero ya hemos dicho que éste sería un caso extremo. A niveles bajos, yo no lo llamaría enfermedad; lo llamaría «normalidad».

Fíjate en nuestros primos hermanos, los chimpancés. ¿Verdad que en los documentales de la 2 se pasan el día corriendo y saltando? ¡Si no paran! Pues lo mismo les pasa a tus chiquillos. Como buen primate, a tu cachorro le gustan los juegos movidos porque necesita estimular su musculatura, y ha desarrollado curiosidad para aprender mediante la imitación, el ensayo y el error. Y no todos los profesores son frikis y enrollados y tratan de motivar a sus alumnos. Aún hay muchos «old school» que se limitan a soltar su rollo y poco más. Vamos, que no se trata de que tu hijo no preste atención en clase porque no quiere. A veces, es simplemente porque no puede.

Si se da este caso con tus hijos puedes tratar de incentivarlos para que se esfuercen en estudiar, aunque no les apetezca. Conseguir que desarrollen compromiso y sentido del deber, si prefieres llamarlo así, endulzándoles un poco el mal trago.

El truco no consiste en castigarlo si no hace sus tareas o saca malas notas (ese «incentivo» puede generar impulsos de rebeldía y rechazo en el crío al asociar los malos ratos a la asignatura que se le atraganta, sobre todo si considera que el castigo ha sido arbitrario). Se trata de premiarlo con algo especial cuando cumpla con sus obligaciones. Por ejemplo, déjale jugar un rato al WoW con tu personaje (ese personaje de nivel máximo con el que llevas jugando más de diez años y que está tan trufado de objetos mágicos que los mismos dioses le tienen miedo). Un librero de Hospitalet (población cercana a Barcelona) llamado Ángel C. Carrillo desarrolló una iniciativa que funcionó muy bien hace algunos años: en aquellos tiempos no estaba tan extendido el uso de ADSL en los domicilios, y en su librería especializada en narrativa fantástica, además de juegos y *merchandising*, había instalado varios ordenadores conectados en línea que alquilaba por horas para para jugar. Pues bien, los niños del barrio que se presentaran con buenas notas tenían un tiempo de uso gratis, mayor cuanto mejores fueran sus calificaciones. De este modo, nuestro librero se enteraba de las (buenas) notas de los críos antes que los mismos padres

En tu caso, puede ser el propio niño quien elija los premios. Haced juntos una lista puntuando una serie de acciones (desde aprobar una asignatura hasta sacar nota, pasando por hacer pequeñas tareas en casa o mantener ordenada su habitación). Con los puntos que gane puede «comprar» los premios que elija, según un baremo que confeccionarás, y que pueden ir desde una chuche hasta determinado tiempo de juego con la consola pasando por entradas para ir al cine o un fin de semana en EuroDisney (que es mejor que se cotice muy, muy caro por la cuenta que le trae a la economía familiar).

Otra manera de incentivarlo es estimulando su curiosidad. Os lo pasaréis pipa realizando pequeños experimentos de física y química en casa. Si no tienes ni idea de por dónde empezar, estás de enhorabuena porque en su libro «Soy un padre friki» (basado en el blog «Geek Dad») Ken Denmead propone una treintena de actividades para estimular a los niños, fomentando su creatividad, curiosidad e imaginación. En este libro encontrarás actividades como hacer una lámpara con luces LED y piezas de LEGO, hacer crecer plantas de modo hidropónico (es decir, sin tierra), crear una señal WIFI casera o hacer una cometa con luces LED para que pueda volar de noche (sí, al amigo Ken le encantan las luces LED). Todas ellas actividades que el buen padre friki debería poder hacer con sus hijos, para diversión de uno y otros.

Otra fuente muy interesante de experimentos para realizar entre padres e hijos la encontrarás en el blog «Experimentos Caseros» Allí hallarás amplias explicaciones (en ocasiones con vídeos incluidos) sobre cómo fabricar una lámpara de aceite, un cañón de confeti, un globo aerostático, una lámpara de lava o incluso ¡una radio de galena casera!

CURIOSIDAD:

Joseph Pulitzer (1847-1911) fue un magnate de la prensa e instauró los premios que llevan su nombre. Quizá sea el responsable del periodismo tal y como lo entendemos hoy en día, pero hasta los genios pueden tener ideas muy poco geniales. En una ocasión propuso hacer una valla publicitaria para su periódico *New York World* ¡que pudiera verse desde Marte! (pues se suponía que el planeta rojo estaba habitado). Abandonó el proyecto cuando sus asesores le explicaron que no conocían a nadie que escribiera en marciano...

LOS DEPORTES, LA EDUCACIÓN FÍSICA Y EL FRIKISMO

El topicazo de que el friki es un gordo seboso acnéico y asocial es eso, un topicazo (y el friki es el primero que puede reírse de él). Y es que las cosas han cambiado mucho desde nuestros tiempos, aquellos en los que a la educación física la llamábamos «gimnasia» y solía impartirla un profesor con pinta de ex legionario tatuado y barrigón que, con el cigarrillo en los labios y las manos en los bolsillos (es de suponer que para no alargarlas en busca de una copa de coñac), nos torturaba sin piedad haciéndonos dar vueltas al patio hasta que los menos atléticos sacábamos los hígados por la boca. En nuestros tiempos no había presupuesto para más material que no fuera una pelota (bueno, a veces el centro tenía un potro –de tortura– que saltábamos rezando para no dejarnos los dientes o la entrepierna en él) y a las niñas las ponían en una clase aparte, donde realizaban actividades misteriosas como gimnasia rítmica o danza.

Ahora las clases de gimnasia se llaman educación física y parece ser que no son suficiente ejercicio para los chavales, así que hay que apuntarlos a una extraescolar, como fútbol, o hockey, o patinaje, o judo, o taekwondo... Que sí, que si todos los padres lo hacen, tú no vas a ser menos... ¡Pero por lo menos que haga un deporte friki! Y los únicos deportes que el hijo de un friki puede practicar son o bien el kendo o la esgrima. Pero no la esgrima olímpica, no... ¡Tiene que practicar esgrima antigua! Si un niño friki empuña una espada, tiene que ser a la antigua usanza. Así practicará un deporte (y su madre te dejará en paz), no pasará por el drama del sobrepeso ¡y tendrá un manejo del acero que hará que el mismísimo capitán Alatriste se coma los dientes de pura envidia!

Por cierto, en las salas de armas también dan clases para adultos... Te lo digo por si quieres sacarte de encima esos kilillos de más que arrastras desde hace no se sabe cuánto tiempo...

OTRAS ACTIVIDADES EXTRAESCOLARES

Si se trata de una moda pasajera o es un nuevo estilo de vida que ha llegado para quedarse es todo un misterio, pero lo cierto es que los niños de hoy están saturadísimos de actividades... Un amigo padre (y bastante cínico) piensa que fiscalizamos su tiempo libre para tenerlos controlados, porque no nos fiamos de ellos ni de las cosas que pueden hacer si se quedan un ratito sin la supervisión de un adulto. Teniendo en cuenta que sus dos hijos le prendieron fuego al comedor en un ratito en que su madre se despistó porque estaba preparando la cena, doy por sentado que no habla por hablar...

El caso es que, si cuando salgan del colegio tienen que hacer otras cosas, por lo menos que sean actividades que cimenten su vocación friki. Aquí tienes algunas ideas:

Manualidades. Hay talleres de actividades extraescolares donde tus hijos pueden aprender a estampar, moldear o dibujar, pero el mejor centro de manualidades al que puedes llevarlo es a una tienda Games Workshop. Te lo mantienen entretenido, le enseñan a jugar a sus juegos de batallitas, le enseñan a pintar... ¡y no te cuesta un miserable euro!

Ja. Ja. Ja.

¿No te lo habrás creído?

En las tiendas Games Workshop no se cobra entrada... pero son eso, una tienda, no un centro de caridad. Enseñarán a tu crío a jugar a SUS juegos, a pintar SUS figuras (las que ellos fabrican y venden) y a pintarlas con SUS pinceles y SUS pinturas. Pero bueno, siempre es mejor opción que un taller de macramé, ¿no?

Dibujar cómics. Existen centros especializados en enseñar a dibujar cómics, así que a la que veas que tu crío tiene mano ya tardas en inscribirlo en un centro de éstos. Tienes la escuela Joso en Barcelona, la Academia C10 de Madrid, Gaia en Valencia, Animum en Málaga... y si buscas seguro que encuentras uno en tu ciudad.

Eso sí, que también aprenda francés o inglés para poder venderse en el extranjero, porque lo de publicar en castellano está mal tirando a fatal. Como casi todo, vamos.

Idiomas. Que los chavales aprendan idiomas siempre es una buena cosa. Aparte del inglés (que ya lo dan en el colegio), del francés (por lo de la proximidad) y el alemán (por ser de donde vienen los que nos mandan actualmente), puedes apuntarlo a clases de japonés, a ver si así de paso te traduce esos mangas que te trajo un colega de su viaje a Tokio... Sí, ya sé que todos los otakus aprenden japonés, pero qué quieres, es un idioma que mola.

Música. Instrumentos musicales hay muchos, pero todos se pueden clasificar en estas tres clases: los que van a convertir a tu niño en un perdedor, como el oboe; los que van a hacer del crío un pijeras y que además son carísimos, como el piano; y los que molan y al menos sirven para ligar, es decir, la batería (aunque siempre será el menos famoso del grupo, por aquello de estar atrás) y la guitarra, ya sea española, eléctrica, o sus primos hermanos el ukelele o el bajo. (Que no sé yo que tienen los frikis con el bajo, pero hay un montón que lo tocan.)

Informática. ¿Qué hay más geek que la informática? ¿Y qué hay más friki que un geek? Todo friki tiene conocimientos básicos en la materia, ¡que tu hijo no sea menos! (Y además, si puede hackearte ese programa que se te resiste, pues mejor, oye, que los sistemas de seguridad cada día son más sofisticados y empiezas a no aclararte con las nuevas tecnologías.)

Centros culturales. Hay uno en casi cada barrio y suelen tener actividades orientadas a diferentes edades: desde talleres de memoria para el abuelo, hasta yoga para tu mujer o cata de vinos para ti (yupi). Y para tus pequeños cachorros, es probable que tengan actividades con cuentacuentos (aunque nadie los cuenta mejor que papá, que eres tú, y ya te hemos explicado cómo hacerlo) o ludotecas, que son sitios ideales para enchufar a tu retoño y que se le vaya excitando la faceta lúdica. Como buen friki (y mejor padre), hasta puedes colaborar con la ludoteca de tu barrio, cediendo algún juego menor de tu colección (sí, es duro, pero piensa que así lo aprovecharán) o incluso yendo a enseñarles a jugar a algo un par de veces al mes.

CURIOSIDAD:

Aunque el oboe no le va a la zaga, el instrumentro friki por excelencia es el theremín, inventado por el físico y músico ruso Léon Theremin en 1919. Se trata de uno de los primeros instrumentos musicales electrónicos y su característica fundamental es que para tocarlo no hace falta tocarlo. Aunque el propio Lenin abanderó su difusión mundial (para ello incluso aprendió a tocarlo), no empezó a hacerse popular hasta los años 40 y 50 gracias a su uso en películas de ciencia ficción y terror de Hollywood, como *Ultimátum a la Tierra* (Robert Wise, 1951). Alfred Hitchcok o Billy Wilder también lo utilizaron para crear atmósferas inquietantes en sus películas. La mayor virtuosa del theremín fue Clara Rockmore, aunque en la actualidad hay varios thereministas muy conocidos, como Lydia Kavina o el personaje de la serie *The Big Bang Theory* Sheldon Cooper.

CÓMO SOBREVIVIR A CONCIERTOS Y OBRAS DE TEATRO INFANTILES

Es una ley cósmica: tarde o temprano tendrás que ir a un evento de este tipo. Se te ocurrirán un millón de excusas para no ir, como que va a ser un muermo. Pero al final apechugarás porque hay que apoyar a los críos, y si ellos van a tener las santas narices de plantarse en un escenario y actuar delante de todos, qué menos que uno de esos «todos» seas tú apoyándoles.

Hay una verdad inmutable en este tipo de actividades escolares: a no ser que te presentes cinco horas antes para reservarte un buen sitio (no descarto que seas un padre motivado y vayas a la obra de final de curso de tu hijo como si se tratara del preestreno de una nueva entrega de Star Wars), es difícil que oigas nada, y posiblemente verás aún menos. Eso, sin contar con que algunas madres se han convertido en expertas en el fino arte de «pillar un buen sitio» y tienen un dado extra en las maniobras de «bolsazo», «codazo» y «mordisco». ¡Saldrás mejor parado si te enfrentas a una horda de zombis, hazme caso! O sueltas a tu mujer para que vaya abriéndote paso (si ves que muta en algo similar) o, si mantiene la cordura, hazle ver que es mejor que os sentéis al fondo, que, total, el niño no os va a ver con las candilejas deslumbrándole, ni cerca ni lejos, y así tendréis más perspectiva para grabar el vídeo.

La verdad es que hasta que no salgan los tuyos el espectáculo te importará bien poco. Resiste la tentación de echar una cabezada, que como sueltes un ronquido el codazo que te va a dar tu mujer y madre de tus hijos te va a hundir un par de costillas por lo menos. Tampoco hagas lo que hacías unos años atrás cuando, en mitad de las películas de Harry Potter, gritabas tres veces «¡Voldemort! ¡Voldemort! ¡Voldemort!» a ver si era cierta la leyenda de que empezaban a oírse gritos de «¡Cállate, cabrón!» mientras te llovían palomitas gratis desde todas partes. Ahora que eres adulto y padre ya no tiene tanta gracia, créeme.

Si fumas puedes decir que vas a echar un *piti*. Si no tienes ese vicio, la excusa puede ser ir al baño a solucionar «una necesidad». De hecho, con tu mujer podéis controlar cuándo va a actuar el crío y turnaros (para que no os quiten los asientos) en esto de ir al baño y estirar las piernas. Piensa que ella también es humana y debe de estar tan aburrida como tú.

No juegues con el móvil aunque sea a escondidas. Estáis a oscuras y el brillo de la pantalla será muy chivato. Es más discreto que te pongas los auriculares para escuchar tu música favorita.

Y cuando salga tu crío, apláudele como si no hubiera un mañana. Que se lo merece.

¿SABÍAS QUE...

... la primera vez que se utilizó la palabra «robot» fue en una obra de teatro? *R.U.R. (Robots Universales Rossum)*, escrita en 1920 por el autor checo Karel Čapek, es conocida por contener la primera aparición del término «robot», ideado por Josef Čapek, hermano del autor, a partir de la palabra checa «*robota*», que significa «trabajo».

TEST NIVEL DE FRIKISMO EN LA PUBERTAD

Los años pasan y los niños cada vez crecen más de prisa... Tu monstruito está entrando en la pubertad, pero ¿progresa adecuadamente en esto del frikismo? Hazle este test cuando cumpla los diez años y averígualo.

1 **¿Cómo tiene decorada la habitación?**

A: Las paredes pintadas de negro, las ventanas siempre cerradas para que no entre la luz del sol y adornada con huesos y calaveras que esperas sinceramente que sean de plástico...

B: Tapizada de pósters tanto las paredes como el techo

C: Repleta de cosas que no sabes de dónde han salido pero jurarías que no le has comprado tú

D: Austera y espartana. La única decoración es un poster de la peli *Los mercenarios*

2 **Le gusta jugar a...**

A: Meterse dentro del armario y simular que es un ataúd. De hecho, puede pasarse *horas* jugando a eso. (Una vez hubo que llevar a la abuela al hospital del susto que se llevó cuando descubrió a tu monstruito dentro del suyo)

B: Que es un elfo. No, un orco. No, un enano. No, un guerrero espacial. No, un indio del oeste. No, un espartano. No, un bárbaro. No...

C: Hacer trueques (y no juegas con él desde que, no sabes cómo, le cambiaste tu ipod por tres canicas)

D: Airsoft

3 **Empieza a tener edad para interesarse por el otro sexo y sus relaciones son...**

A: Sangrientas, porque siempre les muerde

B: Siempre muy divertidas

C: Estrictamente profesionales

D: De camaradería. De hecho, no tienes muy claro que sepa la diferencia que hay entre sexos...

4 **Su asignatura favorita en el colegio es...**

A: Ciencias naturales, en especial cuando se trata de diseccionar hámsters

B: Ciencias sociales, sobre todo historia, si el profesor es ameno

C: El recreo, ya que es cuando hace sus «negocios»

D: Artes marciales, aunque protesta porque el entrenamiento es demasiado flojo y los oponentes demasiado blandos (de hecho, ya ha mandado a un par al hospital)

5 **¿Cómo se lleva con su madre y contigo?**

A: No se lleva. Ni os dirige la palabra

B: La relación es interactiva. Os pide que le contéis cuentos, historias y anécdotas, que le encantan, pero siempre quiere cambiarles el final

C: Las relaciones son... complicadas. No sabes cómo, pero cada vez que habláis te saca dinero

D: Se lleva de maravilla con vosotros. De hecho, es extremadamente obediente. Lo que más te mosquea, sin embargo, es que siempre te conteste con un «¡Señor! ¡Sí, señor!»

6 **A la hora de irse a dormir...**

A: Protesta y monta un escándalo porque le obligáis a meterse en la cama a la mejor hora

B: Protesta y monta un escándalo aún mayor porque quiere ver su serie favorita o hacerse un par de pantallas más con el videojuego

C: Trata de negociar para quedarse más rato, o para ver qué os saca si os hace caso

D: Respeta escrupulosamente la hora de acostarse, que llama «toque de queda»

7 **¿Cómo son sus amigos?**

A: Igualitos a él (ella): pálidos y sólo visten de negro

B: Ruidosos, polvorillas y un peligro en general

C: Tiene de dos tipos: gente tan peligrosa como él, que le venderían arena del desierto a un jeque, y esclavos sumisos que les obedecen

D: Todos sus amigos (y amigas) llevan el pelo corto y tienen una excelente forma física. Muy serios y respetuosos, eso sí

8 **¿De qué es su colección favorita?**

A: De *merchandising* satánico. Tiene algunas cosas que no tocarías ni para quitarles el polvo

B: Tiene varias colecciones a las que le tiene mucho aprecio: cartas coleccionables, figuras de acción, espadas de la Tierra Media, cómics americanos... ¡Miras con envidia algunas de esas piezas, que ya las quisieras para ti!

C: Invierte en piezas de coleccionismo, pero para venderlas cuando están al alza (a ti ya te ha vendido algunas, de hecho)

D: De armas. No te atreves a preguntarle si son de verdad o reproducciones. No. De verdad que no te atreves

9 **¿Cómo es la ropa que suele llevar?**

A: Parece una pesadilla de Tim Burton en su etapa más oscura

B: Camisetas con eslóganes crípticos que a veces hasta a ti se te escapan y tejanos

C: Ropa formal, formalísima. A poco que pueda hasta se pone corbata

D: Verde, cómoda y llena de bolsillos por todas partes. Siempre parece a punto de invadir un país de Oriente Medio

10 **¿Cuál es su comida favorita?**

A: El *diguan*, que es un estofado filipino a base de sangre de cerdo

B: Maravillas culinarias de su invención. La última: nocilla con anchoas y patatas fritas

C: Ensaladita y filete de pechuga de pavo a la plancha, que tiene que cuidarse...

D: Es capaz de comer lo que una cabra vomitaría

Mayoría de respuestas A: Lamento informarte de que tu hijo/hija te ha salido siniestro (cuando no emo). Prueba a sacarlo al sol a ver si toma algo de color y aún estás a tiempo de que no se te vuelva un vampiro. Por suerte, no todo está perdido: el juego de rol Vampiro y la serie *True Blood* seguro que le flipan... Si es niña, regálale las muñecas de Monster High, que le encantarán...

Mayoría de respuestas B: El grado de frikismo de tu retoño es aceptable. ¡Sigue así, que vas bien!

Mayoría de respuestas C: Tu vástago no es friki... ¡Es un jeta y un charlatán! Puede que tenga futuro como político o como banquero, pero no esperes que se dedique a ningún oficio honrado... Puedes intentar que sea gerente de una editorial de rol, pero me temo que eso será lo máximo que le vas a sacar en materia de frikerío...

Mayoría de respuestas D: Pues igual tenía razón su madre cuando te decía que no le pusieras tantas pelis de Rambo... Ve metiendo a tu crío/cría en una academia militar, que es lo suyo. Quizá le molen los wargames, por lo de la estrategia y el movimiento táctico... Tú prueba, que no pierdes nada.

ACTIVIDADES DE OCIO PARA SACAR EL FRIKI QUE TODO NIÑO ESCONDE

IR AL CINE CON TUS HIJOS, UN PLACER A TU ALCANCE...

Bueno, es un decir, porque la verdad es que al precio al que están las entradas hoy en día (y lo poco que pagan los negre... digo, los empresarios por la hora trabajada de sus escla... digo, de los trabajadores), una familia media compuesta por padre, madre y dos hijos puede ir al cine, más o menos, por cada elección de Papa. Y si además le añades palomitas y refrescos a la actividad, puede ser una ruina. Con todo, y pese a ser tan caro, el cine sigue siendo el cine. La fascinación por la sala a oscuras, la pantalla invadiendo toda nuestra visión... Eso sin contar las nuevas tecnologías, como el sonido envolvente y la imagen en 3D. Aunque nos duela el bolsillo, vale la pena ir al cine de cuando en cuando para ver material selecto: la última incursión de Peter Jackson en la Tierra Media, por ejemplo, o las películas de superhéroes Marvel que saca la Disney, o las sagas de Star Trek o Star Wars.

Si tu querida esposa protesta (y es fácil que lo haga, por el tema del gasto) puedes argumentar que a vuestros críos les encantan estas películas (y tanto que les encantan, ya te has encargado tú de educarles el gusto) y que como son sobre todo efectos especiales espectaculares, pierden mucho si no las ves en el cine. Y que, para películas más serias y menos comerciales, con más arte y tal, siempre está el DVD. Si no la convences y sigue enfurruñada puedes proponerle que ella se quede en casa; ya te sacrificas tú para que los niños no vayan solos.

Por suerte para la economía doméstica, aún existen los «días del espectador», en los que ir al cine resulta un poco más barato. Además, las cadenas de cines hacen descuentos si tienes este o aquel carnet o si vuelves al poco tiempo con la entrada de la última vez. Investiga un poco y puede que con la calderilla que baila en tu exprimido bolsillo os llegue para ir cada cierto tiempo al cine. Tómate ese trabajo, hombre, piensa en la educación (friki) de tus tiernos infantes.

EL CINE Y LAS PALOMITAS

La costumbre de comer palomitas en los cines nace en los años duros de la Gran Depresión Americana (1929 a 1933). El principal medio de evasión era el cine (entonces muy barato) ya que no había televisión. Era habitual que se proyectaran dos o tres películas seguidas, a veces más. Para distraer el estómago tanto rato, los espectadores empezaron a comer maíz frito durante la proyección, que además de ser un producto barato por ser un cultivo muy común en los Estados Unidos, es muy nutritivo. Más de lo que crees, pero luego iré a ello. Las palomitas (o *popcorn* si te gustan los anglicismos) del cine están muy ricas, y si te quejas de que las venden caras... pues te daré la razón. Se pueden obtener unos beneficios de hasta el 2.500%, que no es poco...

De friki a friki, un consejo: compra las palomitas fuera y llévalas en el bolsillo del abrigo. O no comas palomitas, por mucho que te apetezcan y tu hijo te las pida. Sé un buen padre (friki) y piensa que una ración de 200 gramos de palomitas son 1.800 calorías (ya te dije que volveríamos al tema de la nutrición) y que un ser humano adulto medio, ni muy corpulento ni muy delgado, necesita sólo unas 2.500 calorías diarias... Así que tú verás lo que haces, pero luego no me llores si a tu hijo lo llaman bola de sebo.

PELÍCULAS FRIKIS INDISPENSABLES (Y OTRAS NO TANTO)

El cine friki se puede dividir en tres grados, según su nivel de frikicidad: en el primer nivel estarían las películas de un nivel friki socialmente aceptado; en el segundo, las que son de una frikicidad más bien alta; y luego están las que son más raras que un perro verde de tres cabezas montado en un patinete y vestido con un braguero de piel de tigre. Por poner un ejemplo práctico, vamos...

PELÍCULAS FRIKIS CONVENCIONALES: Pues las sagas clásicas de superhéroes (Superman, Batman, Spiderman) y las modernas que la factoría Disney está sacando de un tiempo a esta parte; las sagas galácticas de gran presupuesto como Star Wars o Star Trek; las pseudohistóricas como *Trescientos* o *Gladiator*; las películas de Conan el Bárbaro (las clásicas del Schwarzenegger y la otra del Jason Momoa); las sagas de *El Señor de los Anillos* y *El Hobbit* de Peter Jackson; las ochenteras de fantasía como *Legend*, *Dentro del laberinto*, *Willow* o *La princesa prometida*; *Robocop*, de Paul Verhoeven; *Hellboy*, de Guillermo del Toro (las dos películas); las cuatro de Indiana Jones; las tres de *Regreso al futuro*; *Matrix*, de los hermanos Wachowski (aunque si eres un friki de verdad te quedarás sólo con la primera); *Alien* (y sus secuelas); *Blade Runner*, de Ridley Scott; *Ava-*

¿SABÍAS QUE...

... las películas de imagen real con estética anime y efectos especiales a juego son muy populares en Japón, donde se consideran un género con nombre propio? Se llaman Live Action.

¿SABÍAS QUE...

...el borrador original de George Lucas para *Star Wars* empezaba con la frase «Hace mucho, mucho tiempo, en un futuro no tan distante...»? Dicen que fue su propia mujer de entonces, Marcia Lucas, la que se dio cuenta de que no tenía mucho sentido.

tar, de Cameron; las de la saga Terminator, las de Harry Potter (que son fantásticas a rabiar: es el único niño del mundo que encuentra una capa de invisibilidad y la usa para ir a la biblioteca... ¡qué raros son estos magos!), etcétera. En general, si te fijas bien, cualquier película de gran presupuesto suele considerarse aceptable para el público convencional. Será que es cierto que últimamente los frikis estamos de moda, o que los estudios de cine le quitan frikismo a las ideas que creen que la mayor parte de los espectadores no van a poder digerir. Sea como fuere, la mayoría (por no decir todas) de estas películas no supondrán ningún problema en casa: puedes ponérselas a tus hijos sin ningún problema, que tu mujer no protestará.

Cualquier padre pararía aquí.

Y es más, se consideraría bastante friki.

Pero tú no eres cualquier padre.

Tú eres un VERDADERO padre friki.

Así que vamos a las...

PELÍCULAS AUTÉNTICAMENTE FRIKIS: Las joyas del séptimo arte que es imprescindible que tu hijo vea, pese al riesgo de que los ignorantes lo consideren «rarito».

Dogma (*Dogma*; Estados Unidos, 1999). Dos ángeles, Bartleby y Loki, son desterrados del cielo y enviados a un destino peor que el infierno: Wisconsin. Hay una manera de volver al cielo. El único problema (sin importancia) es que eso provocará el

¿SABÍAS QUE...

... Daniel Radcliffe usó nada más y nada menos que ciento sesenta pares de gafas en las ocho películas de la saga de Harry Potter?

Apocalipsis. Y un grupo de curiosos «héroes» (liderados por la descendiente directa de Jesucristo) intentará impedirlo.

Abierto hasta el amanecer (*From Dusk Till Dawn*; Estados Unidos, 1996). Los hermanos Gecko, criminales buscadísimos en los Estados Unidos (por robo y asesinato, muchos robos y aún más asesinatos) secuestran a una familia para poder burlar a la justicia y pasar la frontera con México. Y éste no es el argumento de la película. Es sólo el principio.

Kill Bill (*Kill Bill*; Estados Unidos, 2003/2004). Un grupo de asesinos entra en una iglesia en mitad de una boda (bueno, en el ensayo de una boda) y masacran a todo el mundo, menos a la novia embarazadísima, que queda en coma durante cuatro años. Y claro, cuando despierta da comienzo su venganza.

Machete (*Machete*; Estados Unidos, 2010). Un inmigrante mexicano ilegal es contratado para matar a un político. En realidad se trata de una trampa, en la que él es la víctima y no el asesino. Pero como dice la publicidad del film, «Jodieron al mexicano equivocado».

Guerra Mundial Z (*World War Z*; Estados Unidos, 2013). Quizá sea la primera película de zombis para todos los públicos, ya que no tiene nada de gore ni de casquería. Es efectista y espectacular, eso sí.

Mortadelo y Filemón (*La gran aventura de Mortadelo y Filemón*; España, 2003). Indispensable para que tu hijo entienda de qué van los cómics que hacen reír tanto al abuelo.

Déjame entrar (*Låt den rätte komma in*; Suecia, 2008). Aunque existe un remake americano de 2010 (*Let Me In*), la original es una película de terror psicológico que vale la pena ver con calma, mientras que la segunda, en comparación, es un *Crepúsculo* para adultos (y tampoco demasiado).

Mistery Men (*Mistery Men*; Estados Unidos, 1999). ¿Qué sucede cuando el superhéroe de una ciudad muere al principio de la película? Pues que la ciudad han de salvarla los frikis que se disfrazan de superhéroes y que muchos poderes no tienen, la verdad...

Tucker & Dale contra el Mal (*Tucker & Dale vs. Evil*; Canadá, 2010). ¿Cómo acaban todas las películas *slasher*? Con uno o dos supervivientes de la masacre contando su versión de los hechos, mientras el sádico asesino está desaparecido, supuestamente muerto. ¿Y si la historia fuera contada desde su punto de vista? Quizá descubriéramos que los culpables de los asesinatos no son los paletos... Una película de humor inteligente que por eso, por ser inteligente, tardó más de dos años en traducirse a nuestro idioma.

Kung Fusion (*Kung Fu Hustle*; Hong Kong, 2004). En los años cuarenta una barriada pobre de Cantón (llamada muy oportunamente «la pocilga»), corre el peligro de ser dominada por una banda mafiosa: «la Banda del Hacha». Con lo que no contaban los gánsteres es con que en ella se esconden los mejores maestros del Kung Fu. Una muestra del cine de imagen real con estética y guión anime, y unos efectos especiales imposibles... Desternillante.

¿SABÍAS QUE...

... los soviéticos hicieron una versión de *El Hobbit* (*The Hobbit*) en 1985? Puedes encontrar la versión íntegra en YouTube. Para ver bajo tu propia responsabilidad.

PELÍCULAS DE FRIKI HARDCORE: (que pueden ser demasiado frikis incluso para ti). Aunque estén en tu colección, NO dejes que tu hijo las vea. Por favor. Y si lo haces, luego no digas que no te lo advertí.

Tu madre se ha comido a mi perro (*Brain Dead*; Nueva Zelanda, 1991). Una de las primeras películas de Peter Jackson (sí, el de la Tierra Media). La califican de «comedia gore» y también está considerada una de las películas más sangrientas de la historia del cine. La mordedura de un *ratticus* (una especie de mono) convierte a la gente en zombis muy, muy agresivos. Pónsela a tu hijo sólo si quieres que vomite hasta su primera papilla (y si no lo hace, preocúpate mucho muchísimo. Y si se ríe a carcajadas... ve pensando en cerrar tu cuarto por dentro por las noches, y en no quedarte a solas con él... ¡Y esconde los cuchillos!).

Ovejas asesinas (*Black Sheep*; Nueva Zelanda, 2007). A raíz de un experimento llevado a cabo por un científico (loco, por supuesto) para conseguir la oveja perfecta, las ovejas de una granja se convierten en sangrientos depredadores ávidos de carne humana. Que no la vean tus hijos o se volverán vegetarianos. Y urbanitas. Muy urbanitas.

El retorno de los tomates asesinos (*Return of the Killer Tomatoes*; Estados Unidos, 1988). Pues eso, tomates asesinos que siembran el terror a su paso. Secuela hecha con más medios que la película original rodada en 1978. Para su vergüenza, en el reparto encontramos a un jovencísimo George Clooney.

Sharknado (*Sharknado*; Estados Unidos, 2013). Un tornado llega a Los Ángeles y empieza a escupir tiburones blancos que caen del cielo tragándose a la gente. Sí. Lo que oyes. Se estrenó en el canal SyFy el 11 de julio de 2013, y ya se ha convertido en una obra de culto, quizá precisamente por lo absurdo de su planteamiento. Para ver con tu hijo sólo para que él pueda decir que fue de los primeros en verla (posiblemente al psicólogo que le trate la agorafobia severa que padecerá como consecuencia).

Scott Pilgrim contra el mundo (*Scott Pilgrim vs. the World*; Canadá, 2010). Para conseguir salir con la chica de sus sueños (que responde al exótico nombre de Ramona), el protagonista deberá vencer primero a la liga formada por sus siete malvados «ex» que fiscalizan su sexualidad. Una película con estética de videojuego (hasta le dan vidas extra al prota por eliminar a los malos). Los quince primeros minutos son infumables, y luego no es que mejore mucho, la verdad...

El Vengador Tóxico (*Toxic Avenger*; Estados Unidos, 1984). No pudiendo soportar las burlas de unos matones, un fracasado se tira por la ventana, con tan mala suerte de ir a caer sobre un barril de residuos tóxicos (sí, chicos, en los Estados Unidos parece haber un barril de ésos debajo de cada ventana). La cosa es que se convierte en un monstruo que se muda (muy consecuentemente) al vertedero de basuras, se echa una novia ciega

¿SABÍAS QUE...

... los directivos de la Fox rechazaron hacer la película *Watchmen* porque pensaron que el guión era, literalmente, «una de las mierdas más ininteligibles que habían leído en años»?

¿SABÍAS QUE...

... ni Michelle Rodriguez ni Jordana Brewster tenían carnet de conducir antes del rodaje de *The Fast and the Furious*?

y se dedica a hacer el bien en plan superhéroe... Los puntos fuertes de la película son su violencia excesiva, sus escenas de mutilaciones y su humor obsceno, así como sexo y desnudos gratuitos y metidos en el guión con calzador. Tiene cuatro secuelas, una serie de dibujos animados y hasta un musical, lo que dice mucho sobre el coeficiente intelectual de sus seguidores... En fin, deja que tus hijos la vean sólo si crees que tienen demasiadas neuronas y quieres que se les mueran algunas.

Tank Girl (*Tank Girl*; Estados Unidos, 1985). La protagonista vive aventuras en un mundo futuro en el que el agua es un bien escaso. Pilota un tanque inteligente y su novio es un canguro mutante... Sin comentarios.

Rubber, el neumático asesino (*Rubber*; Estados Unidos, 2010). La venganza de una llanta de neumático inteligente y con súperpoderes contra los humanos... ¡Oye, te juro que ése y no otro es el argumento! ¡De verdad!

Abraham Lincoln cazavampiros (*Abraham Lincoln: Vampire Hunter*; Estados Unidos, 2012). Se narra la historia oculta del presidente Lincoln y su cruzada personal contra los vampiros... a los que masacra a hachazos.

Battle Royale (*Battle Royale*; Japón, 2000). En un futuro cercano (y esperemos que alternativo) la violencia en las aulas es tanta que, para mantener controlados a los alumnos, se secuestra a una clase entera especialmente conflictiva y se la lleva a una isla desierta. Allí se obliga a los chavales a luchar entre sí hasta que sólo quede un único superviviente de un grupo de cuarenta. Es una salvajada, sangrienta y bastante bestia... pero bien rodada, todo hay que decirlo. Que no la vea tu hijo, que a lo mejor le da ideas sobre qué hacer con el matón de clase que se mete con él.

¿SABÍAS QUE...

... el término inglés «freak», del que procede nuestro «friki», se empleaba para referirse a las personas que se distinguían por tener alguna malformación o anomalía física y que eran exhibidas en los circos de finales del siglo XIX y principios del XX? La película *Freaks* (Tod Browning, 1932) contribuyó a popularizar el término.

ADORANDO LA CAJA TONTA: LAS SERIES DE TELEVISIÓN MÁS MÍTICAS DE TODOS LOS TIEMPOS

¿Qué sería de un fanboy (o fangirl, no nos pongamos sexistas) sin la televisión? Del mismo modo que hay series de televisión que tu mujer no tendrá ningún inconveniente en que tu hijo vea (de hecho, posiblemente las disfrutaréis todos juntos en familia), habrá otras a las que pondrá reparos por ser (según ella) «demasiado frikis» y otras que de verdad son demasiado frikis...

DE SERIES DE UN NIVEL DE FRIKISMO ACEPTABLE ya hablamos a la hora de frikizarla a ella, como *The Big Bang Theory* o *Juego de Tronos*. Se produce el mismo efecto que con las películas: si son series de gran presupuesto suelen ser mejor aceptadas por el gran público en general y por tu cari en particular. *Smallville* es un buen ejemplo. ¿Qué hay más friki que Superman? ¡Pues esta serie de éxito narra su adolescencia! (Y una adolescencia que dura diez años, es decir, diez temporadas; hay que ver lo que tarda el tal Clark Kent en crecer). Del mismo modo que *Expediente X*, que narraba las aventuras de un conspiranoico agente del FBI y de su escéptica compañera, y cuyo argumento dio para doscientos dos episodios (nueve temporadas, que se dice pronto), amén de dos películas (por ahora) y de convertirse en uno de los iconos de la cultura popular a lo largo de toda la década de los noventa. Tampoco deja de ser una frikada el argumento de *Lost* (*Perdidos*), donde se narran las aventuras de un grupo de supervivientes de un accidente aéreo perdidos en una isla desierta (bueno, lo de desierta es un decir, que aquello acaba pareciendo el camarote de los hermanos Marx).

Caso curioso es el de *Stargate*, serie nacida a raíz de una película de 1994 con el mismo título y no demasiado éxito (tenía que ser una trilogía y se quedó en lo que se quedó). La serie original tuvo diez temporadas (de 1997 a 2007), dos películas para tele-

¿SABÍAS QUE...

... la serie original de *Star Trek* tiene el récord Guinness de serie con mayor número de *spin-offs* de la historia de la televisión? Nada menos que cinco series (una de ellas de dibujos animados), además de doce películas (por el momento).

visión y dos *spin-offs*. Otra serie de ciencia ficción, *Battlestar Galactica*, tuvo igualmente unos inicios difíciles: *remake* de una serie de culto de finales de los 70 (de la que, sin embargo, sólo se rodaron treinta y dos episodios), originalmente tenía que ser una miniserie de dos episodios que se alargó cuatro temporadas. En comparación con los anteriores, la serie original de *Star Trek*, que dio origen al fenómeno trekkie y que puede ser considerada *la* serie de ciencia ficción por excelencia, tiene un número de episodios más modesto: sólo ochenta capítulos en tres temporadas, de 1966 a 1969.

No sólo las series de corte fantástico gozan de la aceptación del gran público; algunas de las series más populares no son de genéro y, sin embargo, son consideradas frikis, aunque sea poco. El mejor ejemplo probablemente sea el llamado «western contemporáneo» de las cinco temporadas de *Breaking Bad*, serie que no tiene nada de fantástico y sí mucho de cruda realidad: un profesor de química con un cáncer terminal trata de asegurar el futuro de su familia «cocinando» y vendiendo metanfetamina. No menos oscura es *Walking Dead*, que a la publicación de estas líneas sigue estando muy viva, a pesar de narrar un apocalipsis zombi (perdón por el juego de palabras, pero es que lo tenía a huevo).

Si en casa gusta *The Big Bang Theory*, puedes probar con la serie británica *IT Crowd*, aunque es bastante más geek. Consta de veinticuatro episodios y un especial de una hora. Teniendo en cuenta que muchas series británicas tienen temporadas de seis episodios, sus cuatro temporadas son todo un éxito. Trata de las andanzas de los dos miembros del departamento de informática de una gran empresa y de su jefa, y sin embargo amiga (y luego relaciones públicas), que no tiene ni idea de informática, pero que trata sin demasiado éxito de conectarlos con el mundo...

¿SABÍAS QUE...

... *Stargate* (1994) fue la primera película en tener página web? En ella aparecían fotografías, tráilers y un breve «detrás de las cámaras».

EN EL APARTADO DE SERIES BASTANTE FRIKIS tenemos *Fringe*, del mismo creador que *Lost*. Cinco temporadas, cien episodios y dos universos, uno de ellos paralelo al nuestro. No está mal, ¿no crees? Lástima que a los cinco minutos de empezar el capítulo piloto a un personaje se le derrita (literalmente) la cara. Sáltate esa escena o tu mujer no dejará que los niños vean la serie, por muy bien hecha que esté.

Peor suerte tuvo la excelente serie australiana de aventuras espaciales *Farscape*, que fue cancelada sin previo aviso; la finalizaron con una miniserie dos años más tarde. Lo mismo le pasó a *Firefly* (y yo me pregunto a qué matriarca gitana le habrán pisado un callo estas series de ciencia ficción), que tras una temporada de catorce maravillosos episodios fue cancelada. Joss Whedon terminó su particular western espacial con una película comercial: *Serenity*. Aunque *Babylon 5* tuvo una vida más larga (cinco temporadas, siete películas y un *spin-off*), tampoco se libró del fantasma de la cancelación.

Capítulo aparte merecería la serie británica *Doctor Who*, que ya ha cumplido el medio siglo de vida. Trata sobre las andanzas de un «señor del tiempo» que recorre el universo, tanto en el espacio como en el tiempo, salvando galaxias o civilizaciones enteras, o simplemente luchando contra las injusticias para ayudar a la gente común. En 2006 se estrenó, con bastante éxito, su *spin-off Torchwood* (anagrama de doctor Who). En esta serie, el protagonista es un humano del futuro atrapado en nuestra época, inmortal y totalmente omnisexual (intenta que tus hijos vean la serie cuando ya estén un poco creciditos o tendrás que dar muuuuuchas explicaciones).

Si lo que te va es la fantasía épica puedes ponerles *La leyenda del Buscador*, basada en la saga de veintidós novelas de Terry Goodkind (no te asustes, que la serie sólo tuvo dos temporadas antes de que la cancelasen). De aquí podrías pasar a una curiosidad con los cuentos de hadas como base: *La Bella y la Bestia*, una serie clásica de los años ochenta protagonizada por Linda Hamilton (la Sarah Connor de las dos primeras entregas de *Terminator*) y Ron Perlman (si has seguido este manual y has visto las pelis frikis convencionales, te sonará de *Hellboy*). El guión estuvo a cargo de

¿SABÍAS QUE...

... tras cuatro temporadas con éxito de crítica y audiencia, la serie *Farscape* fue cancelada debido a que Sci-Fi Channel, que cofinanciaba la serie, retiró su aportación en el año 2002? La movilización de los fans en favor de la continuación de la serie (o al menos de ponerle un final digno) forzó a realizar una miniserie de tres horas que se emitió dos años más tarde. Y es que nunca te canses de recordarle a tu hijo que ¡los frikis unidos jamás seremos vencidos!

George R. R. Martin, padre y autor de la saga *Juego de Tronos* y por Dios bendito que se nota.

Y para finalizar tenemos a *Chuck*, cinco temporadas para dar rienda suelta a la esperanza de cualquier friki: un geek metido a agente secreto que tiene como compañera nada menos que a la actriz australiana Yvonne Strahovski... ¡ÑAM!

¿SABÍAS QUE...

... el alma de la serie *Babylon 5* era Joseph Michael Straczynski, guionista de cine y cómic? Straczynski tenía prevista una trama dividida en cinco temporadas, pero los rumores de cancelación le hicieron acelerar la historia en la cuarta y cuando finalmente se produjeron las cinco temporadas previstas... bueno, el hombre hizo lo que pudo con la última, pero tiene unos altibajos que ya los quisiera una montaña rusa.

Y LUEGO ESTÁN LAS SERIES DEMENCIALMENTE FRIKIS, aquellas que harán que pierdas cordura con sólo ver los créditos y que pondrán a prueba tu frikismo... Las hay, claro, pero no son aptas para todos los estómagos. Puede que ni siquiera sean aptas para el tuyo.

Empecemos por *Death Valley*, ambientada en el valle de San Fernando, donde un buen día, y sin que sepa por qué, zombis, vampiros y hombres lobo comienzan a campar a sus anchas. Un grupo especial de policías (bastante enloquecidos) trata de controlarlos. Esta frikada aguantó trece episodios.

Algunos más se emitieron en 1967 de *El prisionero* (17, en concreto). Es la historia de un espía encerrado en una especie de complejo turístico que haría las delicias de Kafka. Hay incluso un *remake* del año 2009, más raruno si cabe, protagonizado por Ian McKellen (Gandalf, para entendernos).

Algo menos rara es *Twin Peaks*, del *enfant terrible* del cine de los ochenta David Lynch. Pero sólo un poco menos. En el asesinato de Laura Palmer se mezclan tensión sexual, secretismo de pueblo pequeño y posesiones demoníacas. Y ése es un cóctel siempre inquietante, pero al mismo tiempo difícil de resolver.

Y hablando de demonios, pueblos y directores de cine con fama de friki, *American Gothic* es una de las obras menos conocidas de Sam Raimi. ¿Qué hace el demonio cuando se instala en un pueblo a vigilar la educación del Anticristo para no aburrirse mientras tanto? ¡Pues meterse a sheriff!

Otra serie en la que invirtieron en un director famoso fue *Dark Angel*. Estaba firmada nada menos que por James Cameron y tenía como protagonista a una jovencísima Jessica Alba en un Seattle cyberpunk.

Otros superhéroes atípicos eran los de *Héroes*. Aunque despegó como un éxito de audiencia, esta serie se desinfló en la segunda temporada, coincidiendo con la huelga de guionistas del año 2007. Agonizó durante dos temporadas más antes de ser cancelada.

Poca agonía tenía la protagonista de *Tan muertos como yo*, entre otras cosas porque su yo físico muere a los cinco minutos de iniciarse el piloto de la serie, ¡cuando se le cae encima la tapa del wáter de la MIR!

Aunque los que estaban realmente muertos eran los zombis de *Dead Set*, una miniserie inglesa de sólo cinco episodios que narra las desventuras de un grupo de concursantes de un programa de televisión que permanecen aislados en una casa llena de cámaras (¿te suena de qué *reality* puedo estar hablando?) mientras en el exterior se desata una invasión de muertos vivientes.

Y si el planteamiento te parece sorprendente, arriésgate a ponerles a tus hijos algunos de los episodios de la viejísima y magnífica *The Twilight Zone*, cuyas historias van desde lo macabro hasta lo inquietante, pasando por el terror, y siempre con un toque de misterio. Emitida entre 1959 y 1962, la mayoría de sus episodios en blanco y negro han envejecido realmente bien.

Y, finalmente, tenemos la (que yo sepa) única serie de ciencia ficción de este país: *Plutón BRB Nero*, dirigida por Álex de la Iglesia, que ya por sí solo es una garantía friki sólida donde las haya.

¿SABÍAS QUE...

... *Doctor Who* es considerada por el Libro Guinness de los récords como la serie de ciencia ficción más longeva de la televisión? La componen veintiséis temporadas de 1963 a 1989, una película en 1996 y siete temporadas más desde el año 2005 hasta la actualidad: un total de 807 episodios (hasta el día de Navidad del año 2013). Quince actores han interpretado al Doctor, lo que si no es otro récord, debería serlo...

LAS «INOCENTES» SERIES DE DIBUJOS ANIMADOS

Nuestra bendita cultura occidental considera la animación como un entretenimiento para niños. Vamos, que no hay ningún peligro en que tus hijos, sobre todo si son pequeños, se harten de ver todos los dibus que quieran... Eso pensará sin duda tu mujer, y no te aconsejo que la saques de su error. Ella ignora que tú eres el friki que eres por haber crecido con series ochenteras como *Saint Seiya* (*Los caballeros del zodíaco* para nosotros), *Sherlock Holmes* (el de Miyazaki, con animales antropomorfos), *Inspector Gadget*, *Campeones* (*Oliver y Benji*); *Ranma* y, por supuesto, *Bola de Dragón*. Claro, como ella sólo veía *Candy Candy*, *Bésame Licia*, *El bosque de Tallac* (también conocida como *Jackie y Nuca*) y *David el gnomo*... Varias de estas series de tu infancia, las que forjaron tu carácter, aún las reponen, así que es un buen momento para que se las descubras a tus hijos. Y si tu mujer protesta por los dibus que ven contigo, pues le sueltas muy serio que ni Son Goku ni sus compañeros dicen «no quiero» o «no me gusta» a la hora de comer (más bien todo lo contrario, porque devoran como limas), así que sin duda serán unos héroes que le darán un ejemplo excelente a vuestros hijos a la hora de acabarse las verduras... Tú dilo sin que se te escape la risa, que es un argumento demoledor.

¿Qué dibus hay hoy en día con un nivel de frikismo aceptable? Buf, la tira. Si es que pones la tele en horario infantil y no sabes qué escoger... Yo te recomiendo las siguientes:

Hora de aventuras, de Cartoon Network. Un niño, Finn, y su «hermano adoptivo» Jake (un perro amarillo con poderes mágicos) se dedican a lo que todo niño con un perro hace (o debería hacer): salvar princesas, ayudar a los necesitados, luchar contra el mal... Esas cosas. Guiones inteligentes con toques de humor subversivo. Pese a que es relativamente reciente (año 2010), ya se ha convertido en una serie de culto.

¡SABÍAS QUE...

... Craig McCracken, el creador de las Supernenas las llamó originalmente «Whoop-Ass Girls» («chicas rompeculos») y tenía previsto que su audiencia fueran universitarios veinteañeros fumadores de marihuana? Por suerte lo convencieron para que buscase un público más amplio...

Las Supernenas, de Cartoon Network. Un profesor más o menos loco crea en su laboratorio a unas hermanitas porque se siente solo, pero por accidente las dota de superpoderes (aliento de hielo, mirada láser, gritos ultrasónicos, comunicarse con los animales y cosas así). A tu princesa seguro que le encantará...

One Piece, de Toei Animation. Las aventuras de un estrafalario personaje, Monkey Luffy, y sus no menos estrafalarios amigos y compañeros, que cruzan los mares en busca del legendario tesoro «One Piece», que lo convertirá en el indiscutido rey de los piratas. Aventuras, humor... ¿qué más se puede pedir? Y si tu mujer pregunta que qué es eso que ves con los niños, respóndele que una versión moderna del mito de Jasón y los Argonautas...

Clone Wars, de Cartoon Network. Serie de animación que enlaza la primera saga de Star Wars (que fue la segunda en estrenarse) con la segunda (que es la primera, por ser más antigua... y por ser mejor, pero bueno). Aventuras galácticas imprescindibles para ir gestando un futuro warrie.

Phineas y Ferb, de Disney Channel. Dos hermanos (bueno, medio hermanos) con grandes dotes para la ingeniería y la construcción, que inventan máquinas y hacen fabulosos experimentos para su diversión y la de sus amigos... a espaldas del mundo de los adultos. Su hermana mayor, Candace, trata de denunciar sus actividades, pero siempre sin éxito. En paralelo, la mascota de la familia, un ornitorrinco llamado Perry, lucha incansablemente contra un genio del mal, el Dr. Heinz Doofenshmirtz. Una buena manera de animar a tus hijos para que luego hagáis todos juntos experimentos caseros.

Monster High, de Nerd Corps Entertainment/Mattel. Las hijas de los monstruos también van al instituto, hacen amigas, se pelean, se enamoran de chicos y se hacen bromas (a veces demasiado pesadas). A tu princesa le gustará, pero ten cuidado, ya que es una serie dedicada a promocionar las muñecas homónimas que comercializa Mattel (aunque siempre son mejor alternativa que las escuchimizadas Barbie).

Pokémon, de Oriental Light and Magic. Serie surgida a raíz del éxito de la franquicia de videojuegos del mismo nombre. Es la historia de amistad entre un pokemon (un ser mágico con la capacidad de evolucionar si se le entrena adecuadamente) y su maestro o entrenador, que no su amo. De Pokémon hay videojuegos que distribuye Nintendo, juegos de cartas coleccionables y *merchandising* para aburrir, así que avisado quedas.

Los pingüinos de Madagascar, de Nickelodeon. *Spin-off* de la película de animación *Madagascar*, esta serie cuenta las aventuras de un comando de cuatro pingüinos que viven en el zoo de Nueva York. Actúan en equipo, como en los juegos de rol, así que esta serie será sin duda una buena influencia para tus cachorros.

Shin Chan, de Shin-Ei Animation. Las andanzas y ocurrencias de un niño de cinco años muy travieso y rebelde. En Occidente nos hace gracia porque somos unos bárbaros, pero en Japón se considera el arquetipo del niño desobediente y muchos creen que su visionado es una mala influencia para los niños. Pero sus aventuras son cotidianas, no fantasiosas, y tu bárbaro y tu princesa se sentirán completamente identificados.

South Park, de Comedy Central. A ver... puede hacerte gracia. Tiene humor negro, irreverente y escatológico. Pero ¿estás seguro de que es una serie para niños? ¿Para TUS niños?

¿SABÍAS QUE...

... *One Piece* se publicó originalmente como manga en la revista *Weekly Shōnen Jump* (que también publicó *Dragon Ball*, por cierto). *One Piece* es el manga más vendido en la historia de la revista *Shōnen* con unas ventas de más de trescientos millones de ejemplares. Fue el manga más vendido del 2007 al 2013.

ABRIÉNDOLE LA PUERTA A LOS ANIME JAPONESES

Como ya te he dicho antes, en Occidente consideramos los dibujos animados cosas de niños. En Japón... no tanto. O mejor dicho, no necesariamente. Durante años se han hecho películas y series de animación con argumentos muy serios y fascinantes, que a buen seguro espabilarán al pequeño friki que anida en el interior de tus niños. O que, por lo menos, los harán pensar, que no es poco:

Death Note. ¿O qué haces cuando un demonio pone a tu alcance una libreta en la que si escribes el nombre de una persona... esa persona muere?

Samurai Champloo. Dos *ronin* muy particulares acompañan a una muchacha en su viaje en busca de un viejo samurái en el Japón del siglo XIX.

Full Metal Alchemist. En un universo alternativo, dos hermanos se adentran en el mundo de la alquimia... pero a un alto precio. Toda una reflexión sobre la vida, la muerte, el amor y la naturaleza del ser humano.

Gunslinger Girl. O la ética de usar a niñas como asesinas, aunque sea para matar a los «malos».

Cowboy Bebop. Una historia negra, negrísima, de un cazarrecompensas del espacio, tan triste como un blues y tan amarga como la aceituna de un Martini.

Ghost in the Shell. Quizá la mejor saga cyberpunk de todos los tiempos (hay quien dice que *Matrix* se inspiró en ella).

¿SABÍAS QUE...

... en noviembre del año 2013 había ya 213 muñecas Monster High diferentes y su número no para de crecer? Todo un récord teniendo en cuenta que la primera muñeca de la colección salió a la venta en julio de 2010...

Rurouni Kenshin. ¿En qué se diferencia un héroe de un asesino una vez acabada una guerra civil? ¿Y cómo puede redimirse alguien con tanta sangre en sus manos?

La princesa Mononoke. Todo un alegato en defensa del medio ambiente y los recursos naturales.

Hellsing. ¿En qué convierte a los cazadores de vampiros el hecho de que empiecen a usar a un vampiro para que luche por ellos?

Trigun. Un western futurista steampunk... que es en realidad una nueva versión del eterno enfrentamiento de Caín y Abel.

PELÍCULAS DE ANIMACIÓN PARA NIÑOS QUE DISFRUTARÁN LOS PADRES

Luego están las películas para niños con guiños para que los padres se rían, que no deja de ser algo de agradecer. Y que luego se pueden comentar en familia, para explicarles a los niños por qué se rieron los padres. Seguro que ya las conoces, así que no me pidas que te las comente: la saga de *Toy Story*, la saga de *Shrek*, *Monstruos, S. A.* (y su precuela *Monstruos University*), las dos de *Gru*, *Los Increíbles*, *Up*, *Wall-e*, *La novia cadáver* (aunque puede que les dé miedo si son muy pequeños), *Simbad*, *Bichos*, *Ratónpolis*, *9*, *Cómo entrenar a tu dragón* y un largo etcétera.

¿SABÍAS QUE...

... el productor estadounidense Harvey Weinstein quiso eliminar escenas de *La princesa Mononoke* para hacerla más comercial en Occidente? Cuando el director Hayao Miyazaki se enteró de sus planes, le envió una katana con un sencillo mensaje: «Nada de cortes». Parece que surtió el efecto deseado.

LOS VIDEOJUEGOS DE TUS FRIKIÑINES

Puede que seas friki (que lo eres y mucho), pero ante todo eres un padre responsable que quiere a sus hijos, así que no les vas a poner un juego que consista en desmembrar enemigos, así, de buenas a primeras (y esconde el *God of War*, el *Left 4 Dead* y el *Shadow of Rome*, no sea que te los encuentren). La regla de oro es que cualquier juego que tenga las palabras «Mario», «Zelda» o «Pokémon» es políticamente correcto para un niño y es divertido. A partir de aquí, los «Mario» están más orientados a desarrollar la coordinación y la capacidad de reacción, los «Zelda» narran una historia de aventuras y les hacen pensar para resolver los acertijos que se les presentan. Y los «Pokémon»... bueno, los juegos de esta serie son muy, muy divertidos. Que es lo que se espera de un juego, ni más, ni menos. Otra apuesta segura son los juegos de Nintendo para Wii y los de Lego. No te engañes, su objetivo es que los niños se encaprichen de los muñecos y tú los tengas que comprar... Pero bueno, tampoco es tan mal juguete. Y los juegos están bien diseñados.

Hay otros, claro, como *Rayman* (y sus secuelas), que es un juego de plataformas de corte clásico. O *Beyond Good and Evil*, una aventura gráfica en la que la protagonista (una reportera, cosa que fascinará a tu princesa) se enfrenta a los malvados armada con una cámara fotográfica. En este juego el sigilo es más importante que el enfrentamiento directo, evidentemente. *Kingdom Hearts* es harina de otro costal, ya que está basado en la acción y el combate. Lo gracioso es que en nuestro viaje por su mundo nos encontraremos con muchos personajes de las películas de Disney.

El siguiente escalón estaría en los juegos de estrategia, como *Age of Empires* (el juego en el que un campesino, con la ayuda de una espada y su propia constancia, puede acabar quemando una ciudad, que se dice rápido). *Total War* y sus ejércitos masivos, *Civilization* y el control de los recursos de tu país... Puede que nuestro retoño tenga que hacernos de «copiloto» al principio, viendo cómo juegas tú y dándote consejos (y pídeselos, no seas rata, que se trata de que sea él el que aprenda a jugar) para más adelante invertir los roles: él a los mandos y tú ofreciendo sugerencias. Las aventuras tipo Sand Box (si eres un friki de verdad, sáltate este paréntesis, sino... el término «Sand Box», que significa, literalmente, «caja de arena», se aplica a aquellos juegos ambientados en un mundo abierto donde puedes hacer lo que quieras e ir a donde te apetezca, como los diferentes *Elder Scrolls*) también pueden sorprenderle, y fascinarle; que poder hacer (casi) todo lo que quieras no se ve todos los días en un videojuego (se da mucho más en un juego de rol de mesa, pero eso es otra historia). Un buen juego en este sentido puede ser *Mound and Blade*. Es lo que es: un simulador de escaramuzas medievales, pero además de que el grado de inmersión en el combate es muy bueno, es un juego relativamente fácil de moddear (sí, «moddear», de «mod», que significa «modificación»; un mod es una extensión que modifica un juego original proporcionando nuevas posibilidades. Si es que os lo tengo que explicar todo...) y, si tienes conocimientos básicos de programación y algo de tiempo, puedes hacerle un mundo a su medida, para que tu pequeño aprendiz

¿SABÍAS QUE...

... una vez le preguntaron a Claudio Biern Boyd (creador y productor ejecutivo de las series *D'Artacán y los tres mosqueperros*, *La vuelta al mundo de Willy Fogg* y *David el gnomo*, entre otras) si creía que algunos dibujos animados vuelven violentos a los niños. Él contestó sin perturbarse: «Hay guerras en todas partes, hasta en los sitios donde no hay televisión.»

de bárbaro cabalgue hacia la gloria entre nubes de flechas... Por cierto, elige la opción «sin sangre», que si no será un juego muy bestia, aunque muy realista también.

Por lo que respecta a tu princesa, si le gusta jugar a las casitas y a las muñecas también puede hacerlo virtualmente; para eso están *Los Sims*. Que, por cierto, a veces dan lecciones muy valiosas sobre el mundo real, como que hay que socializarse y ser feliz, y que si tienes demasiada comida en la nevera al final tendrás que tirarla...

Y así, finalmente, llegamos a jugar *online* con tu hijo, en juegos tipo WoW o similares. Porque, ¿qué hay más bonito que un padre y un hijo, juntos, luchando hombro con hombro contra un dragón?

LOS JUEGOS DE CARTAS COLECCIONABLES

Cuenta la leyenda que, en los lejanos años ochenta del siglo pasado, un estudiante de matemáticas algo nerd llamado Richard Garfield diseñó un juego: el *RoboRally*. Y esa parte de la leyenda es cierta. Se lo editó una empresa de juegos recién fundada en aquel momento: Wizards of the Coast. Medio en broma medio en serio, Peter Adkinson, entonces responsable de la empresa, lo retó a diseñar un juego de mesa que pudiera montarse en un momento, jugarse en un rato y llevarse en el bolsillo. Y entonces Richard pensó, al instante, en un juego de cartas. Pero, y ahí está la genialidad, en el que las cartas fueran coleccionables. La idea era que cada jugador comprara las cartas en sobres cerrados, como los cromos, sin saber qué cartas había en su interior. Y que fueran de frecuencia variable, es decir, que hubiera cartas comunes (fáciles de encontrar en los sobres), poco frecuentes y raras (estas últimas, muy difíciles de encontrar, y normalmente muy útiles y poderosas). Las cartas representarían los hechizos de un mago y el juego consistiría en un duelo de magia entre dos o más hechiceros. Ésta es la esencia de *Magic: el Encuentro*. El primer y más famoso de los juegos de cartas coleccionables. Y, sinceramente, casi mejor que tus hijos no empiecen jugando a él. Wizards of the Coast saca una expansión cada varios meses, por lo que actualizar tu baraja para que sea competitiva puede costar mucho dinero. Si no se quiere recurrir a la suerte, se pueden comprar las cartas en una especie de «mercado negro» en el que se venden de manera individual, pero es un mundillo lleno de especuladores que dejarían sin calzoncillos a los tiburones de Wall Street si se cruzaran en su camino. Mejor que tus hijos empiecen por juegos como *Pokémon* o *Yu-Gi-Oh!*, en los que el ambiente está menos enrarecido. Con el tiempo pueden jugar con sus amigos o contigo, y si les gusta la afición, con el tiempo podrás acompañarlos a sus primeros torneos de *Magic*. Pero ten cuidado: diría que es el equivalente a llevarlos a un casino de mafiosos en Las Vegas... ¡si no fuera porque sé que es peor! Y como buen friki que eres, tú también lo sabes.

EL VASTO MUNDO DE LOS CÓMICS

Seguro que tu padre (el abuelo de tus hijos) recordará una campaña que se hizo en este país, a nivel estatal, a principios de los años setenta. Animaba a los padres a comprar tebeos a sus hijos con el eslogan «donde hay un tebeo, habrá un libro». No era mal eslogan (de hecho, era muy bueno) y tenía su razón de ser en una época donde proliferaban las adaptaciones en cómic de la literatura universal. Vamos, que te leías el cómic (perdón, el tebeo) y era como el equivalente actual de ver la película. Más o menos. ¿Cuál es la mejor manera de que tus hijos se inicien en esto de los cómics y qué lista de cómics han de leer? Niño, ojalá fuera yo tan sabio para poder contestarte. Pero cada cabeza es un mundo y, además, las cabezas de los frikis contienen varios porque tenemos más imaginación que los demás.

Vamos, que tu hijo ya se sentirá atraído por los cómics.

Eso no lo puedes evitar, ni te hará falta fomentarlo.

Lo que sí deberás hacer es vigilar un poquillo qué lee y a qué edad lo lee.

Y sugerirle de cuando en cuando que lea algún cómic clásico...

... sí, sí, ésos de tu colección...

No me mires horrorizado.

¿Qué prefieres?

¿Tu colección o la buena educación de tus hijos?

...

...

(Suspiro...)

Bueno, por fortuna, continuamente hacen reediciones.

Empezar por los clásicos de nuestra infancia no está tan mal: los siempre divertidos *Mortadelo y Filemón*, o *Superlópez*, o los belgas *Tintín* (que quizá ha envejecido un poco mal), o *Astérix y Obélix* (que no han envejecido en absoluto).

El cómic francés nos reserva algunas gratas sorpresas: *Thorgal*, aventuras de fantasía heroica basadas en la mitología escandinava con toques incluso de ciencia ficción (y es que treinta y tres álbumes dan para mucho); *Blueberry*, un western de dibujo preciosista; *La búsqueda del pájaro del tiempo* o *El sortilegio del bosque de las brumas*, aventuras de fantasía medieval en estado puro.

De autores españoles tenemos *El mercenario*, un mundo medieval fantástico con magia y dragones que se utilizan como montura. ¿Qué más quieres? (eso sí, ojo que en la obra hay bastantes desnudos femeninos); *Blacksad*, historias de novela negra con una pantera como detective; *Torpedo*, también novela negra, pero mucho más cruda, por mucho que tenga toques de humor negro. Y *Fanhunter*, claro, con suficientes referencias frikis como para llamar la atención de un viejo curtido como tú y lo bastante divertido (e irreverente) para agradarle a tu hijo.

El cómic americano no ha hecho sólo historias de superhéroes: nadie merecería ser llamado friki si no ha disfrutado del detallismo del dibujo de Harold Foster en *El príncipe valiente* (tan detallista que el hombre prescindía de los «bocadillos» con el diálogo para que no le taparan las ilustraciones y ponía siempre el texto al pie) o el *Conan* de Buscema con guiones de Roy Thomas. Nunca el bárbaro más famoso de todos los tiempos fue tan musculoso,

¿SABÍAS QUE...

... hay un juego de rol ambientado en el mundo de *Mouse Guard*? Lo editó Archaia Games hace casi seis años y ha sido traducido recientemente al castellano por Holocubierta. Si pensabas que los cómics de estos valientes ratoncitos eran perfectos para introducir a tus hijos en el mundo del rol... ¡estabas en lo cierto!

feo y brutal. Recientemente tenemos el *Mouse Guard*, ratoncitos guerreros juramentados que deben proteger a sus hermanos en caso de necesidad, y en el mundo medieval fantástico en el que viven hay mucha necesidad...

Y el manga, claro... Demasiado amplio para citarlo, demasiado famoso para ignorarlo. Tú vigila que no se le cuele *hentai* entre tanto cómic e iremos bien.

Del mismo modo, algunas joyas de tu colección es mejor que las lea cuando haya crecido un poco. Es difícil que un niño que no haya llegado al menos a la pubertad entienda la obra de Frank Miller (*Dark Knight*, *Sin City*, *300*), Garth Ennis (*Predicador*, *Hellblazer*, *The Boys*) o Alan Moore (*V de Vendetta*, *Miracleman*, *Watchmen*).

Y, sinceramente, me encantaría ver cómo le explicas qué están haciendo las jovencitas que dibuja Milo Manara o el porqué de la asombrosa anatomía de Corben...

No te digo que le prohíbas ver según qué cosas. Simplemente, que las vea cuando sepa apreciarlas.

LECTURAS RECOMENDADAS PARA CREAR PEQUEÑOS HÉROES

Al igual que el cómic, el gusto por la lectura es algo personal e intransferible. Y no quiero ponerme agorero y decir que la gente cada vez lee menos... pero es que cada vez se lee menos. Nuestra cultura oral y literaria desaparece enfrentada a una cultura audiovisual y multimedia. Hoy en día los críos no tienen por qué leer una descripción para imaginarse una escena de fantasía: pueden verla en la pantalla del ordenador, pulcramente diseñada píxel a píxel. Pero bueno, como con un poco de suerte aún nos quedan varias generaciones antes de que la cultura escrita desaparezca, aquí tienes mis recomendaciones literarias para tus hijos.

Como siempre, los clásicos. Las novelas de aventuras del siglo XIX han entusiasmado a generaciones de jóvenes lectores y tus retoños no van a ser menos. Los piratas de Salgari, los pedantes aventureros de Julio Verne, los caballerosos héroes de Walter Scott o los alegres granujas de Rafael Sabatini. Quizá, emulando al abuelo de *La prince-*

CURIOSIDAD

¿Cuántas veces un niño ha querido dibujar su propio cómic? Sin duda muchas, aunque muchas menos ha acabado por hacerlo, y aún menos a un nivel profesional. De hecho, yo sólo conozco un caso: Denis Peña, un estudiante de primaria de seis años de edad, autor del cómic *Señor Formas*, editado por Ediciones Ponent. Claro que Denis contó con el apoyo de sus padres, Xenia e Iván, este último aficionado al dibujo y a los cómics... y que ha sabido contagiar su pasión a sus hijos.

¿Quieres saber más?

https://www.facebook.com/SenoresFormas

sa prometida (el padre del narrador en la novela homónima), tendríamos que leerle el texto a nuestros hijos cuando aún sean jovencitos y tengan edad de sorprenderse, saltándonos las partes demasiado «decimonónicas».

Luego están las novelas de Harry Potter (las siete), además de las obras de Tolkien sobre la Tierra Media (*El Hobbit* y la trilogía de *El Señor de los Anillos*), famosas sobre todo por el cine, claro. Pero hay más. El mundo de *Artemis Fowl* no tiene nada que envidiar al de Potter: hay magia y criaturas a rabiar, salvo que Artemis es irlandés, niño prodigio... y tiene un guardaespaldas de más de dos metros, capaz de enfrentarse a puñetazos contra un troll... y derrotarlo. Percy Jackson también es protagonista de su propia saga de novelas de corte similar, pero claro, ser hijo de un dios (en este caso, Neptuno) ayuda.

De fantasías épicas hay para aburrir sin necesidad de ir a la Tierra Media. Para empezar, está la saga *Dragonlance*, de Margaret Weis y Tracy Hickman. Del mismo corte son las novelas sobre Drizzt Do'Urden, un elfo oscuro defensor de la justicia. Las aventuras de *Matatrolls* (con un enano que ha jurado morir en combate y el juglar encargado de hacer un poema épico sobre ello) son algo más salvajes, pero no por ello menos épicas. Recientemente se ha hecho famosa la saga *Canción de hielo y fuego*, sobre todo por la serie de televisión bautizada con el nombre del primer libro: *Juego de Tronos*. Se puede decir sin exagerar que su autor, George R. R. Martin, ha revolucionado el género, creando lo que se ha dado en llamar la «fantasía negra». Exponentes de esta nueva corriente son Joe Abercrombie (autor de la trilogía *La primera Ley*) y Patrick Rothfuss (autor de *El nombre del viento* y *El temor de un hombre sabio*).

Autores españoles del género de la fantasía también hay. Tenemos a Javier Negrete con su tetralogía fantástica ambientada en el mundo de Tramórea, o a Concha Perea con *La corte de los espejos*, en la que nos presenta a unas hadas que, definitivamente, no son lo que se dice buenas...

¿Qué consejo puedo darte? Aconseja a tu hijo sobre sus aficiones. Guíalo. Adviértele sobre según qué. Pero no le hagas leer ni ver ni jugar a lo que a ti te gusta por decreto, o lo aborrecerá y se convertirá en economista, o jugador de fútbol, o en político, o lo que es peor... ¡en famoso de la tele! Que, como tú ya sabes, es lo más antifriki (por ser lo más *freak*) que existe.

¿SABÍAS QUE...

... Concha Perea concibió su novela *La corte de los espejos* como una continuación de las partidas que jugaba en Barcelona con su grupo de jugadores de rol, cuando tuvo que mudarse a Sevilla? De hecho, Nicasia, Dujal, Marsias y muchos otros de sus personajes están basados en los de sus compañeros de juego.

TEST NIVEL DE FRIKISMO EN LA ADOLESCENCIA

Bueno, tu retoño ya tiene la edad que tú tenías cuando aprendiste a ser friki... Haz este test cuando cumpla los quince años. ¡A ver cuál es el resultado final!

1 **Escondido en su habitación encuentras...**

A: Absolutamente de todo. Como no la ordena nunca...

B: Pornografía suficiente como para abastecer una ciudad no muy pequeña

C: Complementos proteicos y vitamínicos que no sabes tú si son muy legales

D: Una edición especial de la novela gráfica *V de Vendetta* con comentarios de Alan Moore que, con mucho tino, te ocultaba no fuera que se la «cogieras prestada» y no volviera a verla

2 **Su videojuego favorito es...**

A: Cualquiera siempre que alguien le enchufe la consola a la corriente y ponga el DVD del juego, que a él le da mucha pereza levantarse del sillón a hacerlo

B: *Leisure Suit Larry,* de Sierra Online (la versión del 2009, no el clásico de 1987, que ya está muy viejuno en lo que a gráficos se refiere). El videojuego que te enseña a ligar pese a ser un perdedor...

C: Una alfombra de baile con la que se pasa el día meneando el esqueleto sin parar

D: *Skyrim* cuando quiere estar solo o *Elder Scrolls Online* cuando se siente más sociable y su guerrero Guardia Rojo tiene ganas de marcha

3 **¿Cómo es su novio/novia?**

A: Un encanto. La verdad es que no sabes qué ha visto en él/ella. Estás por decirle que salga corriendo ahora que puede...

B: Ni idea, no salen del cuarto... Tiene una voz bonita, eso sí; lo sabes porque le oyes aullar cada dos por tres

C: Tiene un cuerpo perfecto y sin un gramo de grasa. Si no fuera por la mirada censuradora que le echa a tu tripita cuando te saluda, te caería bien

D: Majísimo/majísima... Da gusto ver a estos frikis de nueva generación. Te pasas tanto rato hablando de frikadas con la pareja de tu retoño que tu mujer empieza a mirarte de reojo y ya te ha insinuado si no te habrás vuelto pedófilo con esto de la crisis de los cuarenta...

4 **¿Cómo se porta en el instituto?**

A: Ejemplar. Como no va nunca...

B: Es muy popular. No se pierde ningún sarao. A cambio, se fuma todas las clases que puede

C: Gana un montón de premios en las competiciones deportivas

D: Ha montado un club de rol en el centro y su propuesta para que el día mundial del friki sea no lectivo prospera

5 **La adolescencia es una etapa de cambios y de conocerse a uno mismo, y es normal entrar en conflicto con los padres. ¿Cómo lleváis el tema en casa?**

A: Mientras no trates de sacarlo de la habitación, ni de la cama, ni del sofá, ni hacerle estudiar, ni obligarlo a que haga algo, lo que sea, no hay ningún problema

B: Bueno, con vosotros más o menos bien... Pero tienes miedo de dejarlo solo con sus tíos, tías, primos, primas, abuelos o abuelas, no sea que trate de seducirlos...

C: Salvo cuando se pone pesadito con que tenéis que hacer más ejercicio y comer menos porquerías, la relación es buena

D: Discutís cada año sobre de qué os vais a disfrazar cuando vayáis juntos al Salón del Manga

6 Cuando se va de marcha, ¿a qué hora vuelve?

A: No sale. Organiza las fiestas en casa para «alegría» de los vecinos y desesperación del resto de la familia

B: Muy temprano por la mañana. Como siempre se queda a dormir en cama ajena...

C: Como muy tarde a las nueve ya está en casa, que hay que acostarse prontito para hacer la media maratón de cada amanecer

D: No llega. Lo traen unos amigos a rastras poniendo excusas de que «la cena del chino le debe de haber sentado mal» mientras tapiza la alfombra con sus vómitos

7 ¿Qué afición o entretenimiento practica con más frecuencia?

A: Ocupar tu sofá favorito (con la opción de rascarse la entrepierna)

B: Practicar las diferentes posturas del *Kamasutra* con un oponente sexualmente compatible

C: Hacer abdominales, que el exgobernador de California dijo una vez que eran mejor que el sexo

D: No sabrías decir. Tiene tantas... Leer novelas gráficas, jugar a rol, ver series de televisión, jugar a la consola...

8 Si tiene que pedirte algo... ¿qué es?

A: Dinero. Y que no lo molestes

B: Dinero. Que necesita salir a «socializarse». Otra vez...

C: Dinero. Que se le ha roto la barra de hacer dominadas

D: Dinero. Que ha salido el último tomo recopilatorio del *The Boys* de Garth Ennis...

9 ¿Qué tipo de ropa suele ponerse?

A: La primera que encuentra entre el montón de prendas arrugadas que tiene a los pies de la cama

B: Con suerte, la que llevaba el día anterior. Sin suerte, la de la persona con quien ha pasado la noche, si se ha ido con prisas...

C: Ceñida, para marcar los músculos

D: Si no tiene que disfrazarse para un cosplay, tampoco le importa mucho lo que lleva... la que encuentra en el armario

10 **¿A qué tipo de restaurantes suele ir?**

A: A ninguno. Las pizzas las encarga por teléfono y se las traen a casa

B: ¿Las barras americanas con camareras en *topless* se consideran restaurantes?

C: De cocina sana y macrobiótica

D: Básicamente japoneses, que se ha criado viendo anime y el sushi le pierde

Mayoría de respuestas A: Espero que te caiga bien tu hijo, porque con lo vago y pasota que es, va a vivir muuuucho tiempo contigo... Friki, lo que se dice friki, puede que lo sea a ratos, pero no a tiempo completo, que es demasiado trabajoso para él.

Mayoría de respuestas B: Mira, tengo para ti una noticia mala y otra buena. La mala es que friki, friki, tu retoño no ha salido. La buena es que, con lo que le gusta el sexo, tienes muchísimas posibilidades de ser abuelo en breve y poder intentarlo de nuevo...

Mayoría de respuestas C: No sé qué has hecho mal o cuándo se torcieron las cosas..., pero tu hijo no es friki. Eso sí, con algo de suerte se hace atleta profesional, gana una pasta y te retira para que puedas frikear a gusto el resto de tu vida.

Mayoría de respuestas D: ¡Felicidades, lo conseguiste! ¡Has logrado crear un nuevo friki!

LA FAMILIA QUE FRIKEA UNIDA... PERMANECE FRIKI

Pongamos que a estas alturas del libro has alcanzado tu objetivo y eres el orgulloso miembro de una familia friki (bueno, puede que no hayas conseguido que tu mujer te siga a todos tus «saraos» tan emocionada como tú, pero espero que al menos hayas sido capaz de llegar al punto de la «Entente cordiale» con ella). Al igual que con el amor, lo difícil es mantenerlo, así que ahora te toca trabajar duro y sacrificarte para que tu familia tenga una sana actividad friki. En este capítulo encontrarás consejos y actividades para que tu hogar siga siendo el paraíso friki por el que tanto has luchado.

JUEGOS DE MESA PARA TODA LA FAMILIA (MÁS O MENOS)

Los *boardgames* (si estás «en la onda», o lo pretendes, no los llames nunca, pero nunca nunca, «juegos de mesa») han experimentado estos años una especie de Edad Dorada. Hacía tiempo que no se sacaban tantos, y de tanta calidad. Los cínicos atribuyen este hecho a la crisis mundial, que nos tiene el bolsillo secuestrado. Y es que sentar a la familia alrededor de un tablero sigue siendo una opción barata para pasar la tarde del domingo.

Más allá del triste parchís, hoy en día hay en el mercado una amplísima oferta de juegos con los que puede divertirse toda la familia:

JUEGOS PARA NIÑOS (DE 6 AÑOS EN ADELANTE):

Dobble. Un juego rápido en el que ni siquiera hace falta saber leer para jugar. Simplemente consiste en ser el primero en encontrar la misma imagen en dos cartas. Parece sencillo, y lo es, pero está bien diseñado y es divertido.

El laberinto mágico. Consiste en encontrar el camino a través de un laberinto... ¡invisible! ¡Y que además va cambiando! Un tablero con imanes por debajo crea una magia que entusiasmará e intrigará a tus frikiñines.

Pingüinos. Sencillo pero a la vez interesante, en este juego no hay dos partidas iguales porque el tablero se crea a base de losetas hexagonales. Y aunque parece infantil, no lo es tanto: los mayores pueden tratar de romperse la cabeza buscando la mejor estrategia.

Ubongo. En este juego de competición el objetivo es resolver puzles (tipo Tetris) en un tiempo limitado. Muy útil para que los niños desarrollen su concepción espacial.

Dixit. Se podría decir que es el juego de los cuentacuentos. De las cartas con ilustraciones que tiene en su mano, el jugador elige una y dice una frase más o menos relacionada con ella. Los jugadores, a su vez, eligen una carta de su mano que podría representar a esa frase. Las cartas elegidas no se enseñan, se barajan y se ponen, ahora sí, boca arriba sobre la mesa. ¿Y en qué consiste el juego? En averiguar qué carta es la original.

La noche de los magos. Un juego de habilidad, que encanta a los niños porque, entre otras cosas... ¡se juega a oscuras!

JUEGOS «CASI» CONVENCIONALES:

Fauna. Juego de preguntas y respuestas sobre el mundo animal (más desconocido, interesante y sorprendente de lo que uno piensa).

Time's Up. Hay que hacer que los demás adivinen el personaje famoso (real o ficticio) que se indica en la tarjeta que te ha tocado en suerte. ¡Y en sólo treinta segundos!

La fuga de Colditz. El objetivo del juego es fugarse de un campo de prisioneros nazi en la segunda guerra mundial. Una prisión de alta seguridad que existió realmente, por cierto.

Aventureros al tren. Construye tu línea de ferrocarril y enlaza las ciudades que se te asignan al inicio antes de que lo hagan tus compañeros de juego.

Fórmula D. Una trepidante carrera de coches, ya sea en circuitos de carreras o en mitad de la gran ciudad, al más puro estilo *The Fast and the Furious*.

Jungle Speed. Un juego de rapidez visual. Cuando aparezcan dos cartas iguales hay que ser el primero en coger un tótem de madera situado en el centro de la mesa... Córtales las uñas a tus hijos antes de jugar: hay riesgo de arañazos accidentales (no es broma).

JUEGOS COMPETITIVOS:

Catan. Juego de gestión de recursos. Los jugadores colonizan zonas del tablero, recogen recursos (madera, piedra, trigo...) y comercian con ellos con los otros jugadores. Es un juego de mecánica simple que puede llegar a ser muy complejo.

Carcassonne. Crea ciudades y castillos medievales. Enlázalos con caminos, construye abadías y granjas. Y, sobre todo, domina el territorio. Un juego que, al igual que el anterior, combina sencillez de reglas con estrategia individual.

Talisman. Básicamente es el Juego de la Oca... pero con tantos añadidos que es completamente diferente. Cada una de las fichas representa a un personaje con puntos fuertes y débiles. Es posible reclutar seguidores y adquirir objetos que nos dan poderes y habilidades, y en cada casilla puede pasar... ¡casi cualquier cosa!

Zombie. Una ciudad infestada de zombies. Sólo existe una vía de escape... para un único jugador. Pero todos deberán colaborar para luchar contra los muertos vivientes, al menos al principio, si es que quieren sobrevivir...

Civilización. Basado en el juego clásico de ordenador de Sid Meyer, con una mecánica fluida y bastante sencilla.

The Island. La isla se hunde. Lleva a tu gente a tierra firme en bote o incluso a nado, evitando a los monstruos marinos que infestan el mar.

JUEGOS DE COLABORACIÓN:

Se trata de aquellos juegos en los que los jugadores no luchan entre sí, sino todos juntos.

Brujas. Basado en los populares libros de Terry Pratchett. Las brujas intentan resolver los diferentes problemas que van surgiendo, desde las complicaciones en el parto de una vaca hasta la invasión de una horda de demonios.

Las leyendas de Andor. Cada jugador encarna a un héroe. Juntos han de evitar que el reino mágico de Andor desaparezca. ¡Y no lo van a tener nada fácil!

Arkham Horror. En la vieja ciudad de Arkham el Mal ha despertado. Un puñado de elegidos arriesgarán su vida y su cordura para tratar de combatirlo.

Sombras sobre Londres. Los jugadores tratan de cazar al asesino más famoso de todos los tiempos: Jack el Destripador.

JUEGOS DESCARADAMENTE FRIKIS (Y A MUCHA HONRA):

Battlestar Galactica. Lo has adivinado; se trata del juego basado en la serie de televisión. Los jugadores son parte de la tripulación de la nave y tratan de sobrevivir a los ataques de los cylons... Pero ¿cuántos de ellos son en realidad cylons infiltrados? ¿Y cuándo se revelarán como traidores? El detalle original es que, como en la serie, al principio los cylons no saben que lo son.

Small World. Un mundo demasiado pequeño y demasiadas razas que quieren conquistarlo. Lo más divertido de este juego son las razas que compiten entre sí, que además varían con cada partida, ya que se emparejan dos cartas al azar: una de raza y otra de característística. De este modo, podremos jugar con Esqueletos Voladores, Gigantes Diplomáticos o Enanos Jinetes de Dragón, con lo que cada partida será diferente.

Mundodisco. Otro juego basado en las novelas de Terry Pratchett. En esta ocasión, los jugadores tratan de controlar la famosa y caótica ciudad de Ankh-Morpork.

Dungeon Lords. Cada jugador encarna a una entidad maléfica que va excavando su mazmorra y poblándola de monstruos. Y la defiende de los aventureros saqueadores que vienen a masacrar a sus «niños» y llevarse sus tesoros.

Risk El Señor de los Anillos. Pues eso, un Risk con esteroides ambientado en la trilogía de Peter Jackson sobre la Tierra Media (la primera, claro). Con un montón de reglas nuevas y un montón aún más gordo de orcos.

Juega con cultura friki. Juego de preguntas y respuestas (ya te imaginas de qué tipo). A jugar bajo tu responsabilidad, porque puede ser humillante que tú, un friki consagrado, seas derrotado por tus hijos (o por tu mujer) en tu propio campo...

JUEGOS NO RECOMENDADOS (Y POR QUÉ):

Las mansiones de la locura... porque se tarda muchísimo en montar el tablero, la partida y los componentes. Aunque, eso sí, una vez hecho es un juego divertidísimo.

República de Roma... porque en un momento determinado tendrás que traicionar a los otros jugadores para ser coronado emperador y si juegas con los tuyos, las puñaladas por la espalda pueden hacer mella en tu familia (mira cómo acabaron los emperadores romanos...).

Runewars... porque es un juego larguísimo de jugar (mínimo cinco horas, aunque valen la pena).

¡Sí, Señor Oscuro!... porque tus peques pueden quedarse en blanco a la hora de poner excusas e incriminar a otros para salvarse de las iras del Señor del Mal... O, lo que es peor, es posible que con este juego se les ocurran muchas ideas para aplicar a la vida real...

EL FRIKI-PARCHÍS

Es una tarde lluviosa y se os ha estropeado la tele. Tus hijos están insoportables de tan aburridos y te quedan tres euros en el bolsillo para llegar a fin de mes... ¡Y lo único que hay en el armario es un triste juego de parchís que antaño vio días mejores!

No problemo. Puedes convertirlo en un juego nuevo y apasionante respetando todas sus reglas. Añadiendo sólo una, de hecho: cada vez que al jugador en turno le salga un 6 en el dado (o un 5 si aún le quedan fichas en casa por sacar a jugar) en lugar de mover puede tirar el dado dos veces, sumar los resultados de las tiradas y aplicar inmediatamente el resultado de la siguiente tabla:

2 **¡Rifle!** → Señala una ficha enemiga que esté a una distancia de seis casillas o menos de cualquiera de tus fichas y tira el dado. Si el resultado es igual o superior al número de casillas que os separan, le has dado. Devuelve la ficha «muerta» a casa y cuéntate veinte (desde la casilla en la que estás, que la has matado a distancia).

3 **Bolsa de dados** → La próxima vez que te toque tirar (y sólo la próxima) puedes lanzar el dado que quieras, no sólo el de seis caras (es decir, puedes usar un dado de cuatro, de seis, de ocho, de diez, de doce o de veinte caras). ¿No tienes dados de ésos en casa? ¿Y tú te consideras friki? Bueeeno, entonces tira dos veces seguidas el dado de seis cuando te toque moverte.

4 **Explosivos** → Vuela un puente (cualquier puente). No te cuentas ni veinte ni cuarenta, lo que es una lástima, pero al menos envías dos fichas rivales a su casa...

5 **(In)seguridad** → Hasta que te vuelva a tocar tirar, las casillas de seguro del tablero no protegen. Nada de nada...

6 **Secuestro** → Intercambia la localización de una de tus fichas por la de una ficha rival en el tablero. Es decir, que la tuya ocupa la casilla que ocupaba la otra, y viceversa.

7 **Técnica del cangrejo** → Tira el dado pero cuenta hacia atrás en lugar de hacia adelante.

8 **Epidemia** → Tira un dado. Todas las fichas (propias o ajenas) que estén en las casillas con ese número deben hacer una tirada. Si sacan un 1, un 2 o un 3, mueren.

9 **Mala señalización** → Una ficha rival a tu elección que ya haya llegado a la meta aparece de repente en el lugar de salida y tiene que volver a recorrer todo el tablero. Otra vez.

10 **¡Fuera de casa!** → Dos de tus fichas salen de casa a la vez.

11 **¡Vuelta a casa!** → Una ficha rival, la que quieras, vuelve a casa. Esté donde esté.

12 **Ataque suicida** → Elige una de tus fichas y lanza un dado. Tu ficha desaparece, pero todas las fichas rivales que ocupen las casillas dentro de ese radio también vuelven a casa.

HACIENDO EL FRIKI EN EL PARQUE DE ATRACCIONES

Venga, admítelo... ¡Te encantan las atracciones! Raro sería que no fuera así. Son un sueño hecho realidad para cualquier friki y una de las ventajas que tiene esto de ser padre. Con la excusa de que «es para los niños», los padres frikis disfrutamos como enanos. ¡Que bien merecido nos lo tenemos!

Encontrar atracciones es fácil: en cualquier feria de fiesta mayor de barrio o de pueblo hay varias, y de eso hay a patadas (un santoral lleno, de hecho). Pero son atracciones cutres, viejas y más sobadas que la katana de Uma Thurman en *Kill Bill*. Vamos, que sirven para quitarte el mono, pero poco más.

El siguiente nivel está en los parques de atracciones permanentes. Los hay en Madrid (no confundir con el Warner, ahora hablamos de él), Zaragoza, Barcelona (Tibidabo) y en Benalmádena, provincia de Málaga (el Tivoli World).

Pero si de verdad te lo quieres pasar bien, donde hay que ir es a un parque temático. Es un parque de atracciones pero en grandote y moderno, que además cuenta con restaurantes, espectáculos y a veces hasta hoteles. En España tienes:

Port Aventura, en Salou (Tarragona). El lugar que ocupa fue uno de los que se barajaron en el momento de edificar EuroDisney. Finalmente, ya sabes la historia, se optó por París, que tiene mucho peor clima que la costa mediterránea, pero bueno... ¡Ellos se lo pierden y nosotros ganamos, que del ataque de cuernos que nos cogió no tenemos un parque sino dos, el suyo y el nuestro! Port Aventura tiene seis espacios temáticos, uno de ellos dedicado exclusivamente al público infantil y el último en ser inaugurado: el SésamoAventura, por lo que es una opción muy a tener en cuenta si tu bárbaro y tu princesa aún son muy frikiñines. Actualmente es el más grande del estado.

Terra Mítica, en Benidorm (Alicante). Ambientado en las culturas mediterráneas: Egipto, Grecia, Roma, las islas del Egeo y la Iberia prerromana.

Isla Mágica, en Sevilla. Ambientado en el descubrimiento de América.

Parque Warner, en Madrid. Dividido en cinco áreas temáticas ambientadas en escenarios de películas producidas por la Warner Bros. y diversas zonas de los Estados Unidos como Hollywood, California o Nueva York. Desde el año 2006 ostenta el premio al parque temático más seguro de España.

Y si te quieres ir al extranjero...

EuroDisney (Francia). El parque de atracciones por excelencia y al que todos deberíamos ir (al menos hasta que ahorremos lo suficiente para poder ir al original de Orlando, en los Estados Unidos). Muchas atenciones para los niños, en especial si tu princesa está disfrazada de princesa Disney. Cuidado con algunas atracciones aparentemente «para niños», como la de Blancanieves o Pinocho, que pueden dar un susto hasta a los adultos... Y si eres un warrie, no te pierdas la atracción Star Tours, que en teoría es un viaje a Endor... y no te digo más. Eso sí, ya te lo aviso: la experiencia dura unos cinco minutos y las colas de espera pueden llegar a ser de una hora...

Parc Astérix (Francia). Parque temático más francés que el queso camembert, dedicado a los personajes de Goscinny y Uderzo. Sabes a lo que vas y no engaña.

Futuroscope (Francia). Las atracciones de este parque se basan en la tecnología multimedia, audiovisual y robótica. Una diversión diferente que no te puedes perder si eres un *nerd* como Stephen Hawking manda.

Europa Park (Alemania). El parque más grande de Europa: nada menos que quince áreas diferentes, bautizadas como los principales países europeos. En ellas se amontonan casi un centenar de atracciones (entre las que destacan las dieciséis montañas rusas).

CONSEJOS DE SUPERVIVENCIA PARA LOS PARQUES TEMÁTICOS:

Intenta que toda la familia vaya «uniformada». En los parques de atracciones hay mucha gente y es fácil perderse, así que una señal de identificación (bastará con una camiseta o gorra del mismo color) te puede ahorrar mucho tiempo y disgustos si tu princesa se despista un momento: tú podrás localizarla a ella fácilmente y ella podrá distinguir al resto de la familia entre la gente.

¿SABÍAS QUE...

... en Vizcaya puedes visitar los restos de un parque de atracciones que muchos consideran maldito? El Parque de Atracciones de Vizcaya se inauguró en 1974 y se clausuró en 1990. Aunque parte de las infraestructuras se desmantelaron y otras fueron vendidas (a un parque de atracciones portugués, si tienes curiosidad) aún quedan las ruinas del que fuera, a finales de los años setenta, el mejor y más moderno parque de atracciones de Europa (o eso se decía). Si te hace ilusión comprarlo, en 2011 se puso a la venta por sólo 2.400.000 euros, pero nadie ofertó por él. La maleza invade las instalaciones, que amenazan con derrumbarse. Las lluvias y nieblas frecuentes de la zona tampoco ayudan... Ni la fama del lugar, al que los vizcaínos llaman «el diente del diablo».

Lleva agua. Estos parques suelen abrir en verano, cuando más aprieta el calor, y puede pasar que las fuentes no funcionen. Tus hijos agradecerán un sorbo de agua antes de morirse (literalmente) de sed, como si estuvieran en Tatooine.

Lleva comida. Algunos de estos parques no te dejarán entrar con bocadillos para que vayas a los restaurantes del interior (muchas veces de calidad dudosa y precios prohibitivos). Si uno de tus cachorros aún tiene edad que lo justifique, entra con el carrito de bebé, donde podrás esconder todo un alijo. Sería raro que los responsables del parque se entretuvieran en registrar el carrito, donde es probable encontrar sorpresitas como un pañal sucio. Si tu bárbaro y tu princesa ya están crecidos, puedes llevar puesto un chaleco de fotógrafo; estas prendas están trufadas de bolsillos donde cabe literalmente de todo y, por muy riguroso que sea el de la entrada, a cachear a los visitantes aún no se ha llegado... de momento.

Ten en cuenta que muchas atracciones son acuáticas. Así que no te olvides de llevar un chubasquero para cada miembro de tu «expedición» y una muda de ropa (no tiene que ser una muda completa, con una camiseta bastará). Añadir al lote una toalla nunca está de más.

Evita comer a la misma hora que todo el mundo. Por mucho bocata que llevéis, algo acabaréis comiendo dentro del parque. Hacedlo o pronto o tarde, pero nunca entre las 13.30 y las 15.00, que es cuando lo hace todo el mundo. Si puedes hacer que tu tropa coma algo a las 12.30 y luego meriende a las 16.00, mejor. Que es muy triste comer separados porque están todas las mesas a reventar de gente...

Espera a que tus hijos hagan la digestión antes de subir a atracciones fuertecillas (tipo caída libre o montaña rusa volteadora). Así te ahorrarás la probabilidad de tener una lluvia de vómitos, tan divertida en las películas y tan desagradable en la vida real...

Intentad ir un día laborable. Un miércoles habrá menos gente que un fin de semana y, por tanto, menos aglomeraciones, menos colas y más diversión.

Y nunca, nunca hagas más de media hora de cola para una atracción (salvo que sea la estrella del parque, y aún así). Hay muchas otras atracciones y puedes volver a intentarlo cuando haya menos gente, o en horas en las que todo el mundo esté comiendo. Que no hay nada más terrible que aguantar una hora de cola con un niño sobreexcitado (bueno, quizá una horda de *geeks* en una tienda Apple el día del Mac a mitad de precio, aunque no sé yo...).

LOS «OTROS» PARQUES TEMÁTICOS (Y ALGÚN SITIO MÁS)

También están los llamados parques temáticos que han sido orientados hacia la educación y la cultura, que están muy bien, no digo yo que no, pero que de atracciones y diversión a lo bestia tienen más bien poco, la verdad... Algunos son el Dinópolis de Teruel (lo has adivinado, ambientado en épocas prehistóricas. Huesos de dinosaurios, muchas actividades para niños, espectáculos...); Catalunya en miniatura de Barcelona, con maquetas de los edificios más representativos de las tierras catalanas; Pasión Mudéjar de Valladolid, donde encontrarás reproducciones de los edificios más representativos de este estilo arquitectónico; Oasys, en el desierto de Tabernas (Almería), de temática «Far West» y en el que podrás visitar muchos de los decorados en los que se rodaron los famosos «spaguetti western»; o El Bosque Encantado de Madrid, un parque botánico que tiene, entre otras curiosidades, más de trescientas esculturas vegetales.

Por último, para visitar cuando el sol pega y pasar todo el día en remojo buscando a Nemo, tienes los parques acuáticos con atracciones de piscina y toboganes de agua, como el Siam Park de Tenerife o el Aqualandia de Benidorm.

¿SABÍAS QUE...

... un parque temático se declaró estado independiente en 1968?

En 1964 el ingeniero italiano Giorgio Rosa pidió y obtuvo permiso para construir una plataforma artificial de 400 metros cuadrados erigida sobre nueve torres apoyadas sobre el lecho marino, a pocos kilómetros de la costa de Forlì. Sobre esta isla artificial, llamada Isla de las Rosas, se construyeron diversos establecimientos comerciales, como un restaurante, un bar, una discoteca, una tienda de recuerdos o una oficina postal. Para sorpresa de todos, el 24 de junio de 1968 la isla emitió un comunicado unilateral de independencia, pasando a llamarse Insulo de la Rozoj, con el esperanto como lengua oficial. Las autoridades italianas pensaron (con mucha razón) que era una maniobra para no pagar impuestos al estado y ordenó invadir la isla. Las fuerzas de ocupación consistieron en dos inspectores de hacienda y dos *carabinieri*. **El gobierno de la isla protestó por «violación de su soberanía y el daño infligido al turismo por la ocupación militar», pero su protesta no tuvo demasiado eco en la opinión internacional. La instalación terminó siendo destruida por la Armada italiana (probablemente para dar ejemplo).**

FERIAS Y MERCADOS MEDIEVALES

En la geografía de nuestro país hay numerosos castillos y conjuntos amurallados que en determinadas fechas del año celebran este tipo de eventos. En estas ocasiones, los figurantes y músicos recorren las calles vestidos de época, las plazas se engalanan «a lo medieval» y se puede disfrutar de puestecillos de productos artesanos y numerosas actividades dirigidas a los niños y a los no tan niños, desde tiro con arco hasta montar en burro o poni, pasando por exhibiciones de habilidad, cuentacuentos, torneos medievales (a caballo y a pie), desfiles y representaciones teatrales de hechos históricos, y no nos olvidemos de las comilonas populares medievales (que suelen consistir en asados de carne. ¡¡¡ÑAM!!!). En algunas se paga entrada, en otras no, pero es bastante habitual que los críos puedan entrar sin pagar un duro, sobre todo si van disfrazados de guerreros o de princesas... Si quieres saber dónde se celebran los más cercanos a tu casa, puedes consultar la página web http://www.mercadosmedievales.net.

¿SABÍAS QUE...

... en Londres hay un parque temático dedicado a Harry Potter, pero sin atracciones? (Sí que las hay en la sección El mundo mágico de Harry Potter en Disneyworld, Orlando, pero ésa es otra historia.) El parque londinense consiste en realidad en los decorados de las películas, que no es precisamente poca cosa. Los *fanboys* de las películas (y de los libros) podemos así colarnos en el callejón Diagon, curiosear en la tienda de Ollivanders, recorrer las calles de Hogsmeade o visitar algunas de las dependencias del colegio Hogwarts.

IR DE MUSEOS

Aunque no quieras convertir a tus hijos en pedantes *nerds*, hoy en día ir al museo puede ser una experiencia divertida para toda la familia. Muchos de ellos organizan actividades, como por ejemplo visitas nocturnas, con poca luz, grupos reducidos y un guía. Para los niños es una experiencia mágica. También están los llamados museos científicos (como el Cosmocaixa de Barcelona, el Museo Hispano de Ciencia y Tecnología en Madrid, el Museo de la Ciencia de Valladolid o el Miramón en San Sebastián, entre muchos otros). En ellos se nos ofrece la posibilidad de presenciar (a veces incluso de realizar por uno mismo) experimentos tecnológicos que ayudarán a nuestros peques a convertirse en genios científicos del mañana (y podrán así dominar el mundo, si eso es lo que desean).

YACIMIENTOS ARQUEOLÓGICOS

Otro tanto pasa con los yacimientos arqueológicos. Te aconsejo que consultes la web del que más te interese o te quede más cerca de casa antes de desplazarte, pero hoy en día prácticamente todos los que están abiertos al público tienen algún día en el que el guía se disfraza de nativo para enseñar el recinto, e incluso hay actores representando alguna escena. Aquí tienes tres que realmente merece la pena visitar:

Empúries (Gerona) es el único yacimiento arqueológico de la Península Ibérica donde conviven los restos de una ciudad griega (el enclave colonial de Emporion) con los restos de una ciudad romana, creada a principios del siglo I a.C. Los domingos se ofrecen visitas teatralizadas, durante las cuales podrás descubrir cómo se vivía en la Emporiae romana del siglo I d.C. de la mano de sus antiguos habitantes.

En Alcalá de Henares (Madrid) puedes visitar el yacimiento arqueológico de la ciudad romana de Complutum, origen de la ciudad de Alcalá de Henares y una de las más importantes urbes romanas del centro de España. Se realizan recorridos guiados por personajes de la época que, además de mostrar el yacimiento, nos cuentan cosas sobre la forma de vida de los ciudadanos de Complutum.

El asentamiento visigodo de Navalvillar, en Colmenar Viejo (Madrid), también ofrece visitas teatralizadas durante las cuales Astolfo y Dagoberto, dos personajes de época visigoda, nos explicarán sus usos y costumbres, entre los que se encuentran el cultivo de la tierra y el cuidado del ganado, y la llegada de los visigodos a estos parajes.

UN TOQUE FRIKI A LAS FIESTAS INFANTILES

Antes, en tiempos de los abuelos de tu bárbaro y tu princesa, los niños jugaban en la calle. Sus madres les pegaban un grito para que subieran a merendar, les quitaban un poco el polvo, el barro y los mocos, y los devolvían al descampado. Ahora como a un crío se le ocurra bajar a la calle a jugar tiene menos futuro que una pareja de testigos de Jehová llamando a las puertas de Mordor. Y parques para que jueguen tampoco hay tantos... Así que ¿qué hacer que si montas una fiesta de cumpleaños para celebrar que tus pequeños frikis se hacen mayores y ellos quieren invitar a sus amiguitos? Mal lo tienes, amigo. No sirve lo de sacarlos fuera a que se desfoguen, llamarlos para darles tarta y merienda, y luego volver a echarlos fuera de casa. Te los tienes que quedar dentro. Y si ya te resulta difícil dominar a los tuyos, que sólo son un par, imagina tener que controlar a una docena... Seguro que descubren tu alijo secreto de figuritas coleccionables de los superhéroes de Marvel, o se les ocurre hacer un *collage* con tus cómics *vintage* exclusivos de los años noventa, o descubren tu colección de espadas de la Tierra Media y se lían a mandobles, lo que puede acabar en catástrofe si se cortan una oreja o, lo que es peor, si mellan las espadas, que valen un ojo de Sauron.

La solución es tenerlos entretenidos. Con un payaso no, por favor. Hay toda una generación de niños traumatizados por los payasos de sus fiestas infantiles (el terror a los payasos hasta tiene un nombre médico: se llama coulrofobia). Es mucho mejor un mago, y hay muchos que se publicitan para fiestas infantiles. Un mago es misterio, es emoción, es tratar de pillarle el truco. Un mago siempre gusta, tanto a niños como a grandes (y como es espectáculo y no se lo quieren perder, así tienes a la horda de monstruitos tranquilita). Si además es cuentacuentos y les hace alguna yincana o juego de pistas ten por seguro que tus fiestas serán la comidilla del barrio y del colegio, y los niños de la escuela harán lo que sea con tal de que tu bárbaro y tu princesa les inviten a la próxima.

Si tu casa es pequeña o simplemente no te apetece meter a la horda aullante en ella, aunque sea sólo por unas horas, la otra opción es el parque infantil, comúnmente llamado «chikipark». Camas elásticas, castillos hinchables, piscinas de bolas y monitores o animadores. En muchos de ellos además se pueden organizar meriendas (y hay bar para que los mayores nos tomemos una cervecita fría, que nos la hemos ganado...). Y si te da envidia de tus pequeños cachorros, que sepas que no eres el único: de un tiempo a esta parte están proliferando los parques infantiles para adultos. ¡Que nosotros también tenemos derecho a sumergirnos en una piscina de bolas, a ver qué se siente!

FIESTAS FRIKIZABLES

Si las fiestas infantiles (de aniversario, onomástica o similares) son, como has visto, frikizables, tanto más lo son determinadas fiestas convencionales. Aquí tienes algunas ideas para «customizar» tus celebraciones dependiendo de la época del año:

Navidad. ¿Qué puede haber que sea más friki que unas fiestas que empiezan con un señor gordo bajando por una chimenea para repartir regalos y que termina con tres magos llegando casi doce días tarde a la celebración de un nacimiento? (Aunque, como diría Gandalf, «un mago nunca llega tarde. Ni pronto. Llega exactamente cuando se lo propone».) ¿Que a tus hijos no quieres hacerles más que un regalo, y no dos? Hombre, vale que la vida, la inflación, la economía y todo lo demás te hace mucho la puñeta, pero no se la hagas también a ellos. Por muy monárquico que seas, pasa de los reyes tardones y hazles los regalos por Navidad, que así tus hijos disfrutarán de juguetes nuevos todas las vacaciones (si se los traen los Reyes sólo los disfrutan un día antes de volver al colegio). Además, si el resto de la familia es tradicional y da los regalos en Reyes «porque así se ha hecho siempre», pues mira, mejor, que así tienen los regalos más separados. Y hasta les hará más ilusión a tus bestezuelas. Que así no se saturan tanto de juguetes nuevos y aprecian más los regalos.

Si tienes tiempo, humor y ganas, nada te impide hacer un pequeño juego de pistas para que encuentren los regalos. Escóndelos un poco (piensa en su edad, que no se trata que los encuentren al cabo de seis meses y de casualidad) y déjales algunas pistas, como pisadas hechas de «arena del desierto» (puedes utilizar harina o un poco de arena de playa), un cajón mal cerrado... ese tipo de cosas. Si te has tomado más molestias escondiendo los regalos, puedes ponerles enigmas para que los localicen. Si eres de los que prefieren la versión sofisticada, ve al apartado «Búsqueda del tesoro».

Carnaval. Disfrazarse, hacer unas «vacaciones de uno mismo» aunque sea por unas horas, esconderse bajo la máscara... Éste no es el libro para hablar de todo lo que significa el Carnaval, ni de por qué está situado en nuestro calendario justo antes de la Cuaresma, pero una cosa es segura: tanto los niños como los frikis disfrutamos disfrazándonos. Para llevar un disfraz chulo, hay tres opciones: o te ríes de la crisis y te rascas el bolsillo (y ráscatelo bastante, que los disfraces son caros), o rebuscas en el fondo del armario para apañarle algo con ropa vieja (suerte que, como buen friki, tienes un montón de cosas con las que sacarte de la manga un disfraz decente... más o menos), o a lo mejor hay suerte y tu reina (la madre de tu bárbaro y tu princesa) sabe coser algo. De todos modos, aunque ella (o tú o ambos, que somos frikis modernos) tengáis la habilidad de «Modistilla» a nivel máximo, eso no garantiza el mejor disfraz, ni el más oportuno. Recuerda si no esa anécdota del niño que le pidió a su abnegada madre un disfraz de castor y cuando, tras pasar varias noches sin dormir pegada a la máquina de coser, se lo tuvo hecho (y no antes) oyó la madre a su hijo canturrear: «A Belén *castores*...». Si tampoco sois muy buenos con las tijeras, os recomiendo navegar un poco por la bendita red. Tras dos minutos de búsqueda encontrarás páginas como ésta: http://comohacerte.com/fiestas/disfraces-caseros, que te explican cómo hacer un montón de disfraces, desde un sombrero pirata hasta una armadura medieval de cartón. El disfraz es para lucirlo, no vale lo de ser egoísta y quedarse en casa frente al espejo. El día antes del Carnaval propiamente dicho, suele haber fiestecilla de disfraces en los colegios, al menos para los alumnos más pequeños. Y al día siguiente... tocará que se disfrace toda la familia. Seguro que en tu barrio o localidad hay un desfile de Carnaval. En la mayoría de poblaciones, hay diferentes peñas que trabajan todo el año para montar la mejor carroza y un tema común para los comparsas. ¿Que no hay nada de eso donde vives? ¿Y a qué esperas para montarlo? Mira, si no lo haces por ti, hazlo por tus hijos, que si son los únicos del barrio que se disfrazan será inevitable que acaben siendo bichos raros. Si al menos lo hacen todos los vecinos, entonces la rareza se disipa entre la multitud y lo único que queda es la diversión. Que, al fin y al cabo, es de lo que se trata.

Halloween. Si hay una fiesta friki en el calendario muggle, ésa es sin ningún género de duda Halloween. Sí, ya sé que es de origen anglosajón (de hecho es mucho más antigua, ya que se trata de una celebración celta) y que los más castizos le tienen manía porque dicen que no es «de aquí» y que para fiesta de difuntos ya está la católica de toda la vida... Pero hay que reconocer que la pagana es más divertida, como suele pasar, y a los frikis ya nos vale. Si, para tu desgracia, es a tu mujer a quien no le vale, intenta convencerla con estos dos argumentos: primero, hay que relativizar la afirmación tajante de que no es «de aquí». Como ya te he comentado, la fiesta de Halloween era una tradición celta y, antes de que los romanos llegaran a la Península para hacernos el favor de civilizarnos, los íberos convivíamos con mucha alegría con los celtas. ¿O de dónde crees sino que han salido todas esas tradiciones relacionadas con difuntos de nuestra cornisa cantábrica, desde Finisterre hasta Guipúzcoa? Y luego remata tu argumentación haciéndole ver que algo debe tener la fiesta para que, en el siglo IX, la Iglesia de Roma cambiara la celebración del día de Todos los Santos del 15 de mayo al 1 de noviembre, haciendo así la competencia a la celebración pagana precisamente. Así que si además hablamos de modernidades, resulta que es la fiesta católica la más reciente.

ANÉCDOTA:

CUANDO J. R. R. TOLKIEN FRIKIZÓ LA NAVIDAD

El famoso autor de *El Señor de los Anillos* amaba la Navidad como pocos. En 1920, cuando su hijo mayor, John, tenía tres años, apareció en el hogar de los Tolkien la primera carta de respuesta de Papá Noel, escrita con letra temblorosa, con membrete (cuidadosamente pintado) de la estafeta de Correos del Polo Norte y ligeramente húmeda de nieve. A veces los niños encontraban las cartas junto a los regalos, tras la visita de Papá Noel. Alguna vez las entregó el cartero del barrio (tratando de que no se le escapara la sonrisa, supongo). Esta particular correspondencia se mantuvo más de veinte años, abarcando la infancia de John y sus otros tres hermanos: Michael, Christopher y Priscilla.

Con el título de *Cartas de Papá Noel*, esta entrañable correspondencia fue editada por Baillie Tolkien, secretaria personal del escritor en los últimos años de su vida y esposa de Christopher, en 1983.

Por otro lado, no nos olvidemos del espíritu original del Samhain. Esa noche la frontera entre los vivos y los muertos es muy tenue y puede traspasarse. Los espíritus benévolos de los familiares difuntos son agasajados con comida y bebida. Los malévolos son asustados con máscaras terroríficas... Anima a tus cachorros a disfrazarse de monstruos para así asustar a los espectros (algo que tradicionalmente se hacía en Asturias desde tiempos medievales, donde más de un vagabundo se ha llevado una paliza, así, por error, por dormir esa noche al raso). Cuéntales historias de miedo (pero sé prudente y ten en cuenta que si los aterrorizas sólo celebraréis la fiesta una vez), ved películas de terror (pero que acaben bien), cenad a la luz de las velas... Y enseña a tus hijos que más miedo tienen que tener los fantasmas de los vivos que los vivos de los fantasmas y de los monstruos.

Que algo sabes tú de matar a unos y otros. Piensa que los frikis somos de los pocos padres que podemos prometer a nuestros hijos que algún día cazaremos dragones juntos y cumplirlo...

RECETAS DE HALLOWEEN

Si quieres que tus hijos tengan una Noche de Difuntos realmente especial, prepárales alguna de estas recetas a modo de tentempié. Son muy fáciles de hacer y el resultado es espectacular.

DEDOS DE MOMIA

Ingredientes:

- Salchichas tipo frankfurt
- Una lámina de hojaldre
- Un huevo

Corta la lámina de hojaldre (que sea fresca, por favor) en tiras del grosor de un dedo. Envuelve cada una de las salchichas con una tira de hojaldre. Estira un poco para que la masa quede bien pegada a la carne. Queda mucho mejor si no lo envuelves bien, que se vea un poco de la carne entre las «vendas». Pinta el hojaldre con un poco de huevo batido para que se dore. Pon los «dedos» en una bandeja de horno y, una vez precalentado, hornea veinte minutos a unos ciento ochenta grados. Deja enfriar... ¡Y ya se pueden comer!

DEDOS AMPUTADOS

Ingredientes:

- Salchichas
- Queso en lonchas
- Almendras
- Ketchup

Cuece las salchichas (que pueden ser de tipo frankfurt o no). Coloca una tira estrecha de queso alrededor de cada salchicha, como si fuera un anillo. En un extremo pon media almendra, que nos hará la función de uña, y en el otro un chorretón de ketchup, como si fuera sangre saliendo del dedo... Y ya está listo para servir.

ATAÚDES MIXTOS

Ingredientes:

- Pan de molde
- Jamón cocido
- Queso en lonchas

Corta el pan de molde en forma de ataúd y pon dentro el jamón y el queso. Evidentemente puedes hacer sándwiches de esta forma de lo que se te ocurra: sobrasada, paté, queso... ¡Y tanto fríos como calientes, por supuesto!

FANTASMAS RELLENOS

Ingredientes:

- Jamón cocido en lonchas
- Queso de untar
- Obleas para empanadillas
- Un huevo
- Ketchup

Haz un gurruño de forma triangular con papel de aluminio y pon encima la oblea haciéndole pliegues, para que quede como la sábana de un fantasma. Tiene que haber bastante papel de aluminio para que quede colgando sin rozar la bandeja del horno, así que no seas tacaño. Píntalos con el huevo batido y hornéalos unos quince minutos a ciento ochenta grados (no te olvides de precalentar el horno antes). Una vez horneados (y fríos), saca el papel de aluminio y sustitúyelo por el relleno que más les guste a tus bestezuelas. Queso de untar mezclado con jamón cocido picado es una buena opción, pero no tiene por qué ser la única. Dibújale ojos y una boca sonriente a cada fantasmilla con una jeringuilla y un poco de ketchup y tendrás los fantasmas listos para aterrorizar cualquier plato.

En el libro *El árbol de las brujas* de Ray Bradbury un grupo de ocho niños, ayudados por un misterioso personaje llamado Mortajosario, realizan un viaje a través del tiempo y el espacio durante el cual visitan Egipto, Grecia, Roma, la época de los druidas celtas, la catedral de Nôtre Dame en el París medieval y el Día de los Muertos en México. En el viaje aprenden los orígenes de las fiestas que se celebran y el papel que el miedo a la muerte y los fantasmas jugaron en el desarrollo de las civilizaciones.

BÚSQUEDA DEL TESORO

Se trata de una actividad divertida para tus hijos (y sus amigos) que puede hacerse tanto en interior como en exterior.

En el exterior será un juego de orientación que funcionará de la siguiente manera. Dibuja un mapa para la localización de inicio (que esté arrugado, teñido de café y con los bordes quemados mejora mucho la imagen y los pondrá en situación) y pon el primer mensaje críptico. Por ejemplo, «doce pasos al norte desde el árbol cortado». Luego, que vayan siguiendo el resto de indicaciones que les habrás dejado para que hagan el recorrido hasta llegar al tesoro (que puede ser, tranquilamente, la merienda). El adulto que vaya con ellos (tú mismo) puede darles pistas si van muy perdidos...

En interior (una casa, o incluso un piso) será algo diferente. No se tratará tanto de orientarse sino de encontrar las diferentes pistas, pues el espacio es mucho más reducido. Así que las pistas de localización tendrán que ser más difíciles de interpretar. Aquí te propongo una serie de ejemplos:

«Guardado por la Bestia»: La siguiente pista está debajo del cojín preferido del perro (o del gato).

«Oculto por vuestros antepasados»: No, no hay que ir al cementerio. El papel con la siguiente pista está detrás de la foto de sus padres, es decir, de la foto de boda de tu mujer y tú, por ejemplo.

«Alejado de los ojos del orgulloso, cercano a los del humilde»: El papel con la siguiente pista está a ras de suelo.

«Entre el cielo y el suelo»: Lo contrario; la pista está pegada en el techo de una habitación.

«Junto a las cajas cerradas sin cerraduras»: Junto a los huevos, en la nevera.

«Bajo lo primero que se pisa de la casa, pero que no es de la casa»: El felpudo de la entrada.

«En la cabecera del palacio de vuestros sueños»: Bajo la almohada de su cama.

JUEGOS DE VIAJE

La manera más cómoda de salir con la familia suele ser el coche, pero los niños son impacientes y si los viajes son largos (para ellos es largo todo lo que dure más de quince minutos, ojo), hay muchas posibilidades de que se aburran. ¡Y no hay nada hay peor para conducir que tener a bordo uno o dos niños aburridos! Bueno, quizá compartir espacio con veinticuatro gatos furiosos... no, definitivamente es peor un niño aburrido encerrado en un coche. Como no puedes transportarlos empaquetados en el maletero, atados y amordazados porque tampoco se van a callar y te suena que tampoco es muy legal, te toca romperte los cuernos pensando cómo entretenerlos.

Las *tablets* son una opción a tener muy en cuenta. Les enchufas una peli, un juego o un par de episodios de su serie favorita y ya no te darán más problemas. Mientras no se mareen por mantener la vista fija, podrás olvidarte de ellos. El que se aburrirá serás tú, y tu santa esposa y madre de tus cachorros, pero bueno, sois adultos y lo soportáis mejor.

Otra opción es jugar a un juego de adivinanzas. El de «adivina un personaje» puede ser muy divertido: uno de los jugadores piensa en un personaje, real o imaginario, y los demás le hacen preguntas (a las que debe responder sólo con «sí» o «no») hasta que se rindan o averigüen quién es. Por ejemplo, la teniente Ripley en la película *Alien* es mujer, ficticia, personaje de película, está soltera, nació en el futuro, es tripulante de nave espacial, no es militar, sí es comercial, es nave pequeña de siete tripulantes... y sí, claro, la nave se llama *Nostromo*.

Otra opción nos la da el juego Black Stories. Se trata de una serie de tarjetas con frases enigmáticas que encierran un misterio y que hay que resolver de la misma manera que con el juego anterior: contestando sólo «sí» o «no». El juego no está mal, aunque algunas de las historias son, para mi gusto, un poco retorcidas y quizá les tengas que dar alguna pista adicional a tus pequeños cachorros para que resuelvan los misterios. Gen X Games comercializa el juego en nuestro país.

BUENAS MANERAS EN UN EVENTO FRIKI

Donde realmente demostramos nuestra verdadera naturaleza friki es en un evento diseñado a nuestra medida: un salón del cómic o del manga, un encuentro rolero o de nuestra serie de televisión o películas favoritas... Son acontecimientos a los que va mucha gente (y luego dicen que los frikis somos pocos), así que si vas a llevarte a tus cachorros contigo, mejor será que tengas en cuenta algunos consejos (no es que yo sea más friki que tú, ni que sea más sabio, pero probablemente habré vivido más y metido la pata mucho más aún. Y de los errores se aprende...).

MADRUGA. Hazle caso al refranero. En hora punta puedes llegar a hacer cuatro horas de cola para entrar. Tus hijos llorarán de aburrimiento y tu mujer te pondrá morros (y he dicho morros, no morritos). Ponte a hacer cola o muy pronto o muy tarde, es decir, cuando ya no haya cola porque sólo faltan una o dos horas para el cierre. Y en ese caso... ¡corre! Una alternativa es pasarte por el lugar del evento el día anterior y comprar las entradas. Muchas veces hay dos colas: una para entrar y otra para sacar la entrada. Comprando antes, le ahorrarás una cola a tu familia. Y si llegáis bien pronto, a lo mejor no hay cola para entrar y os ahorráis las dos.

PLANIFICA. No te digo que hagas planes cronometrados con exactitud militar, pero con Internet te llevará como cinco minutos (y posiblemente hasta te sobrará tiempo) descargarte el programa de actividades del salón para imprimirlo, estudiarlo y llevarlo encima. Así sabrás dónde se realiza ese taller al que tu bárbaro quiere apuntarse, dónde firma aquel dibujante que le tiene robado el corazón a tu princesa y a qué hora se hace esa charla tan interesante a la que te gustaría asistir. Si además consigues un mapa del salón, muchísimo mejor; sobre todo para ubicar la zona de los bares (imprescindible para tomar algo y, sobre todo, poder sentaros un rato para reponer fuerzas) y la más importante: la de los lavabos. Que tus hijos son como todos los niños, y cuando avisan de que tienen pipí ya es con carácter urgente. Si te has despistado y no te has acordado de consultar la información por Internet siempre te queda la opción de pedir un programa en el puesto de información, que estará justo al lado de la entrada. Así que, excusas, las justas.

NO PIDAS AUTÓGRAFOS. Los autores, sobre todo los extranjeros, vienen invitados por la organización o por una editorial concreta. Y se espera que firmen y dediquen sus obras, sí... Pero en el *stand* asignado, con una pulcra cola cuanto más larga mejor. Y ya sé que es un rollo, y que acabas de ver cómo tu autor fetiche entraba en el baño, pero no vayas tras él exigiéndole que te firme tu ejemplar. Si lo hace contigo, tendrá que hacerlo con todos, y eso le supondrá problemas. Así que si se niega cortésmente y te dice la hora en la que firmará en el *stand*, no vayas luego renegando de él y diciendo que es un borde, que «qué le costaba». Ahora, al menos, ya sabes el porqué. Y puedes explicárselo a tu hijo cuando trate de perseguir a sus autores...

HACER EL INDIO... DONDE CORRESPONDE. Como auténtica familia friki habréis ido al evento disfrazados de vuestros personajes favoritos. Y quizá tengas tentaciones (tu pequeño bárbaro las tendrá seguro) de empezar a escenificar luchas, o trabaros en combate a espada si el disfraz las incluye. Que sí, que está muy bien que padre e hijo jueguen y se diviertan... pero hazlo en un espacio donde no molestes a nadie; en mitad de una de las habituales aglomeraciones que se montan en estos eventos quizá no sea la mejor idea. Y estropearle a alguien su curradísimo disfraz porque le das un empujón jugando puede que no le guste demasiado.

PEDIR PERMISO PARA HACER FOTOS. Un salón es casi como Carnaval. Mucha gente va disfrazada y el nivel suele ser espectacular. Seguro que a los aficionados que van disfrazados les encantará que les hagas fotos o hacérselas con tus hijos, pero pídeselo con corrección y buenas maneras. No trates de robarles la foto; quedará mejor si posan. Y no se lo exijas; puede que tengan prisa. Por cierto, es de muy mal gusto llevar a tu pequeño y encantador friki a un salón de estos para ir detrás de todas las adolescentes góticas lolitas (y alguna que otra que ya no es adolescente) o detrás de las que van disfrazadas de bárbaras con biquini de cota de malla para pedirles que posen junto a tu niño. Que seguro que a ellas les encanta (porque tu hijo es una ricura), pero no sé yo qué dirá tu reina si vuelves a casa con una colección de fotos de generosos escotes con tu hijo en medio... Aunque pueden ser recuerdos estupendos para cuando crezca... Vamos, que un par así en plan broma está bien, pero no te pases.

EL PELIGROSO MOMENTO DE LAS GANGAS. Existe la teoría de que el mejor momento para comprar *merchandising* es a última hora del último día, cuando los de los *stands* están pensando ya en recoger y te pueden apañar el precio para conseguir una venta de última hora (una venta de un producto que así no tendrán que empaquetar de vuelta). Aunque eso puede ser cierto en parte (una camiseta o un libro no son difíciles de empaquetar, así que no funcionará con todos los productos), piensa que a última hora lo que queda es lo que nadie ha querido... Si tu princesa se enamora de una preciosa figurita japonesa edición limitada de Serena Tsukino (más conocida por su alias de Sailor Moon), no le prometas que se la comprarás el último día antes de iros, porque como las hayan vendido todas te va a tocar pedirla directamente a Japón y cargar con los correspondientes portes para congraciarte de nuevo con tu princesa.

RESPETA LA LEY. Y no, no te estoy recordando que no hay que «distraer» una figura o un cómic del *stand* a tu bolsillo (que ya sé que no lo haces, que eres mayorcito, sabes que es ilegal y, además, menudo ejemplo le darías a tus hijos), pero recuerda que la ley indica que no se pueden llevar réplicas realistas de armas de fuego o espadas metálicas en lugares públicos, por muy bien que queden con vuestro disfraz. Que los de seguridad de estos sitios tienen poco sentido del humor y te confiscarán tus queridos «complementos» a la que se den cuenta de que los llevas encima.

ACORDAD UN PUNTO DE ENCUENTRO. En estos eventos siempre se forman aglomeraciones y es fácil que te llame la atención esto o aquello y al final alguno se acabe despistando y perdiendo al grupo. Los móviles van bien para encontrarse de nuevo, pero no siempre hay cobertura (de hecho, todo el mundo sabe que la maldita Ley de Murphy siempre hace su aparición para que la cobertura falle justo cuando más necesitas el móvil...). Además, con el barullo de la multitud puede que no oigas que te está sonando. Como siempre, la mejor solución es la prevención y la organización: acuerda con tu reina de quién se encarga cada uno, si del bárbaro o de la princesa, y no le quites ojo al que te toque. Mejor si lo llevas de la mano (lo de llevarlo con correa está mal visto, aunque siempre puedes justificarlo disfrazándolo de goblin o de zombie). Mételes en la cabeza que, en caso de que se separen de vosotros, deben ir a información y pedir que la organización os llame por megafonía. Hasta puedes hacerle una tarjeta con la frase «Me he perdido. Por favor, lléveme a información» para que pueda entregársela a un adulto por si le vienen los lloros del susto y no puede ni hablar.

COMIDA Y BEBIDA. Lleva agua. A veces estos sitios son un agobio y tus cachorros agradecerán hidratarse un poco. Del mismo modo, sitios para comer habrá, pero seguramente serán muy caros, y puede que tus retoños le pongan pegas a esto o aquello (sobre todo en el caso de los salones de manga y los ramen de bote que sirven en muchos de ellos). Quizá valga la pena llevar unos bocadillos de total confianza, hechos por vosotros, o bien salir del recinto, comer algo y luego volver a entrar (en ese caso, intenta asegurarte de que no te obligan a hacer cola para entrar antes de salir).

OTRAS ACTIVIDADES. Para terminar, recuerda que estos salones no son sólo comprar *merchandising* y recoger firmas de autores. Suelen ofrecer otras actividades, desde videojuegos hasta karaoke, bailes o concursos con premio al mejor disfraz. Vive los salones, exprímelos a tope y disfruta siendo (y haciendo) el friki. Que te vean pasártelo bien es la mejor manera de que tu mujer y tus hijos se relajen y disfruten igual que tú. Así conseguirás que descubran el gran secreto de por qué eres un padre y marido friki.

Porque, ante todo, es divertido...

CALENDARIO DE FRIKIFIESTAS

Las personas corrientes tienen sus fiestas y en el capítulo anterior ya hemos visto cómo celebrarlas a nuestra manera. Pero frikis hay de muchos tipos, pelaje y condición, y todos tenemos nuestro día especial (algunos más de uno). ¡Por eso tenemos tantas fiestas! Y como un friki es solidario con los demás frikis (aunque en la intimidad los ponga verdes), pues solemos celebrarlas todas… o casi todas. ¡No serás un buen padre y marido friki si en tu casa no las honráis como se merecen!

ENERO

ANIVERSARIO DE ISAAC ASIMOV

Fecha: 2 de enero.
Celebrado por: Amantes de la ciencia ficción y *geeks* con aficiones literarias.

Se conmemora el nacimiento de Isaac Asimov (Rusia, 1920), considerado, junto con Robert A. Henlein y Arthur C. Clarke, uno de los fundadores del género de la ciencia ficción tal y como lo conocemos hoy. Un buen día para leer alguna de sus obras. Si os asustan los libracos de chorrocientas páginas, Asimov también escribió una serie de relatos cortos muy buenos y con un agudo sentido del humor (sobre todo los escritos durante los años 40 y 50) que se pueden leer a los críos sin peligro de que se aburran. En nuestras tierras se han publicado varias antologías que recogen sus relatos, como *Yo, Robot* o *El hombre bicentenario y otras historias*.

DÍA DEL MAC

Fecha: 24 de enero.

Celebrado por: *Geeks* fanáticos de Apple, que los hay y son legión.

El 24 de enero de 1984 vio la luz el primer Macintosh, con 128 KiB de memoria RAM (¡un pepinako para la época, oigan!), con una interfaz gráfica de usuario y la novedad de incluir un ratón en vez de usar la línea de comandos. Con muy buen criterio, Apple hace coincidir con esta fecha la salida de diferentes productos, ofertas en su tienda virtual App Store y otros eventos varios.

FEBRERO

DÍA DEL ORGULLO ZOMBIE

Fecha: 4 de febrero.

Celebrado por: *Fanboys* de las películas de muertos vivientes y de la serie de televisión *The Walking Dead*.

Coincidiendo con el aniversario del cineasta George Andrew Romero (4 de febrero de 1940) se realizan por todo el mundo diferentes actividades. Las principales son sesiones de maquillaje para todo el que lo desee y un desfile o marcha zombie, en la que cientos de aficionados maquillados de muerto viviente pasean por las calles.

DÍA DE DARWIN

Fecha: 12 de febrero.

Celebrado por: *Nerds* y algún que otro *geek*. Creacionistas abstenerse.

Se celebra coincidiendo con el aniversario del nacimiento de Charles Darwin, el 12 de febrero de 1809. Pretende reconocer la contribución de Darwin a la ciencia y promover la práctica de la misma. La celebración del año 2009 fue especialmente importante ya que conmemoró el segundo centenario del nacimiento de Darwin y el sesquicentenario de la publicación de su obra más conocida: *El origen de las especies*.

MARZO

DÍA DEL ORGULLO ROLERO

Fecha: 4 de marzo.

Celebrado por: Jugadores de rol.

Se recuerda la muerte el 4 de marzo de 2008 de Ernest Gary Gygax, cocreador del juego de rol Dungeons & Dragons en 1974 y considerado por muchos el padre de los juegos de rol. Roleros de todo el mundo suelen hacer una partida en su honor, muy a menudo de D&D.

DÍA DE PI

Fecha: 14 de marzo.
Celebrado por: *Nerds* y aficionados (muy aficionados) a las matemáticas.

Aprovechando la feliz circunstancia de que los anglosajones escriben la fecha colocando primero el mes y luego el día (vamos, al contrario que nosotros, los latinos) el físico estadounidense Larry Shaw decidió celebrar en tal día (3/14) del año 1988 una fiesta dedicada al número pi (3,1416). Dicha fiesta tuvo lugar en el museo Exploratorium de San Francisco, donde trabajaba. La iniciativa tuvo éxito y se sigue repitiendo puntualmente, año tras año, en todo el mundo. Además, se da la feliz coincidencia de que la fecha es también el natalicio de Albert Einstein (14 de marzo de 1879) y el fallecimiento de Karl Marx (14 de marzo de 1883), aunque esto último es poco más que anecdótico y poco interés despierta en físicos teóricos y matemáticos.

DÍA DE LECTURA DE TOLKIEN

Fecha: 25 de marzo.
Celebrado por: *Fanboys* de la obra literaria de Tolkien y, en menor medida, por seguidores del cineasta Peter Jackson.

En esta fecha se celebra el Tolkien Reading Day, promovido por la Sociedad Tolkien de Estados Unidos. El evento consiste en lecturas públicas de fragmentos de la obra de Tolkien. ¿Qué por qué esta fecha? ¡Vergüenza debería darte! ¿Y tú te consideras friki? Según *El Retorno del Rey* (tercer tomo de la triología de *El Señor de los Anillos*) fue precisamente el 25 de marzo cuando Frodo y Sam (bueno, y en menor medida Gollum/Sméagol) lograron que el Anillo Único cayera al Monte del Destino, provocando así la caída de Sauron y el final de la Guerra del Anillo.

MAYO

DÍA DE STAR WARS:

Fecha: 4 de mayo.

Celebrado por: Warries acérrimos.

Festejo no oficial de los seguidores de la saga Star Wars. Se celebra en esta fecha (sobre todo en los países anglosajones) por la similitud fonética entre la frase «May the Force (be with you)» y la fecha del día: «May the 4th».

DÍA DEL ORGULLO FRIKI/DÍA DE LA TOALLA

Fecha: 25 mayo.

Celebrado por: Todo friki que merezca tal nombre.

Este día se celebra el aniversario del estreno oficial de la película *Star Wars. Episodio IV* en 1977. Pero no es una celebración sólo para warries. El 25 de mayo todos los frikis celebramos nuestro derecho a ser diferentes sin que tengan que excluirnos por ello ni reírse de nuestras aficiones, tan dignas como las de cualquiera. ¿O nos metemos acaso con los que se van a un estadio a gritar y chillar por ver a veintidós adultos en pantalón corto corriendo y dándole patadas a un balón?

La celebración coincide con el llamado «Día de la Toalla», en homenaje a Douglas Adams, autor de la *Guía del autoestopista galáctico*. Ese día los seguidores del escritor británico se pasean con una toalla al hombro (que los define como autoestopistas de las galaxias) e intercambian consignas que sólo entenderán los que hayan leído la saga de novelas (algo que recomiendo muy encarecidamente, es decir, que ya tardas, chaval): «42», «Hasta luego y gracias por el pescado», «Nos vemos en el restaurante del fin del mundo», «I love Marvin», ...

JUNIO:

AKELARRE DE ZUGARRAMURDI

Fecha: Segunda mitad de junio.
Celebrado por: *Nerds*, místicos, tradicionalistas y amantes de las buenas juergas en general.

El fin de semana anterior a la noche de San Juan, coincidiendo con la festividad pagana que festejaba la llegada del solsticio de verano (21 de junio), se celebra en las cuevas de Zugarramurdi (Navarra) la fiesta del Akelarre. Se conmemoran así los rituales mágicos que las llamadas brujas de la zona realizaban por estos parajes (poca cosa... banquetes al aire libre, orgías nocturnas también al aire libre, bailes, cantos... cosas divertidas, vamos), actividades que finalmente condujeron a una investigación del Santo Oficio en 1610, con el consiguiente arresto de cincuenta y tres vecinos de la zona y la muerte en la hoguera de once de ellos, que no es poca broma, precisamente. La fiesta, en la mejor tradición de las celebraciones paganas, incluye la actuación de grupos musicales, fuegos artificiales, una recreación de los ritos paganos en las cuevas y un consumo razonable de alcohol. También se puede aprovecharpara visitar el Museo de las Brujas con la familia y sacar el vientre de penas comiendo cordero asado en el *zikiro jate*, una comida popular multitudinaria.

AGOSTO:

LA TOMATINA DE VALENCIA

Fecha: Último miércoles de agosto.
Celebrado por: Cualquiera que quiera volver a ser un niño y reírse muchísimo.

Tiene lugar en el municipio valenciano de Buñol desde el año 1950. Básicamente, es una batalla campal a tomatazos. Si quieres ir y llevarte a la familia, es bajo tu responsabilidad, que avisado quedas de que quien a hierro mata, a hierro muere...

SEPTIEMBRE:

DÍA DEL PROGRAMADOR

Fecha: Día 256 del año (13 de septiembre o 12 si es año bisiesto).
Celebrado por: *Nerds* y *geeks* concienciados.

El número 256 es un chiste recurrente entre los programadores, ya que es la cifra de las combinaciones posibles que pueden representarse con 8 bits. Además, es la mayor potencia de 2 menor de 365 (que son los días del año). Esta fecha es, desde el año 2009, fiesta oficial en Rusia, por cierto.

LA OKTOBERFEST

Fecha: Entre quince y dieciocho días a partir del primer sábado después del quince de septiembre.

Celebrado por: Amantes de la cerveza, de las camareras con escote generoso y de la col fermentada.

Su nombre significa, literalmente, «la fiesta de octubre» (aunque siempre empieza en septiembre). Se celebra en Múnich desde 1810 y actualmente es una de las mayores fiestas populares del mundo (se calcula que cada año van a la capital bávara seis millones de visitantes a beber cerveza en la Oktoberfest, que ahí queda el dato). Aparte de beber enormes cantidades de birra (que igual la encontramos algo floja, ya que por ley no puede superar el 6% de alcohol) también podemos disfrutar de los desfiles y otros actos. Yo debí de beber demasiada cerveza porque no recuerdo nada... Eso, o me sentó mal el chucrut ese. Seguro que fue lo segundo.

NOVIEMBRE

DÍA DEL ROL EN ESPAÑOL

Fecha: 13 de noviembre.

Celebrado por: Roleros hispanohablantes.

Se conmemora que el martes 13 de noviembre de 1990 se publicó el primer juego de rol autóctono: *Aquelarre, el juego de rol demoníaco medieval*. Ni que decir tiene que la conmemoración suele ser alguna que otra partidilla, evidentemente.

DÍA DEL RETRETE

Fecha: 19 de noviembre.
Celebrado por: Gente concienciada (y no necesariamente frikis) y aquéllos con serios problemas de motilidad (es decir, con problemas a la hora de controlar sus esfínteres).

El día, instaurado nada menos que por la Asamblea General de las Naciones Unidas el 24 de Julio de 2013 (o sea, hace dos días, prácticamente) está dedicado a concienciar a la población mundial sobre la importancia del acceso al agua potable y los servicios básicos de saneamiento, canalización y tratamiento de las aguas negras. Se calcula que, de los siete mil millones de habitantes que hay en el planeta, seis mil millones tienen teléfono móvil, pero dos mil quinientos millones de personas (un tercio de la humanidad) no disponen ni de inodoros ni de letrinas en unas condiciones higiénicas adecuadas. Algo que todo buen padre friki debería explicarles a sus hijos, en especial cuando se encierran en el baño a hacer ellos sabrán qué...

DÍA DE LA TELEVISIÓN

Fecha: 21 de noviembre.
Celebrado por: *Fanboys* de las series en general.

Otra fiesta instaurada por la Asamblea General de las Naciones Unidas en el año 1996 y que tendría que ser de obligado cumplimento para nosotros, los frikis, pues... ¿qué sería de nosotros sin la tele?

DÍA INTERNACIONAL DE LA SEGURIDAD INFORMÁTICA

Fecha: 30 noviembre.

Celebrado por: *Nerds, geeks* y todo friki que quiera mantener su equipo en condiciones.

Esta celebración, promovida por la ACM (Association for Computing Machinery), tiene lugar en Estados Unidos desde 1988. La idea es concienciar a los usuarios de que mantengan en buenas condiciones y libres de virus sus aparatos. Una buena iniciativa para inculcar a los niños, que puede convertirse en emocionante si es el día en el que papá destripa su PC y le quita el polvo con una pistola de aire a presión (actividad que puede ser divertida y que ellos pueden hacer bajo tu supervisión). Y ya puestos, acuérdate de hacer *backups* de seguridad y mantener actualizado y al día tu antivirus, que te evitarás disgustos, te lo digo yo...

DICIEMBRE

DÍA MUNDIAL DEL ESPERANTO

Fecha: 15 de diciembre.

Celebrado por: *Nerds* que no quieren que se les entienda...

También llamado «Día de Zamenhof» o «Zamenhofa tago» en esperanto, durante esta celebración se conmemora el nacimiento del creador de dicho idioma, el oftalmólogo polaco L. L. Zamenhof, en 1859. Es un día de celebración de la cultura esperantista. Aunque esta lengua tuvo sus momentos de gloria en las dos primeras décadas del siglo XX (y relacionada con los socialismos utópicos y el anarquismo) y a pesar de su objetivo de convertirse en la lengua universal que unificara el mundo, se ha transformado hoy en día en una lengua críptica que pocos conocen.

GLOSARIO: TIPOS DE FRIKIS

En el año 2012 la Real Academia de la Lengua Española aprobó incluir la palabra «friki» en la vigesimotercera edición de su diccionario. Aunque le da varias acepciones, nos quedaremos con la de toda «persona que practica desmesurada y obsesivamente una afición». Afición minoritaria, claro, que el adolescente que se gasta cien euros del ala en una carta coleccionable es un despreciable friki, pero el padre de familia que se gasta una fortuna en sellos rarísimos lo que es, es un muy honorable filatélico...

En fin, nada hay que tener en contra del diccionario de marras ni de sus académicos (no olvidemos que uno de ellos es Reverte, que tiene prontos muy malos y como se le crucen los cables viene y te canea). Que tampoco es tan malo definirse, oigan... Que todo friki tiene derecho a serlo, pero hay muchos tipos de frikis. Cada uno con su nombre, pelaje y condición.

Y ya que hablamos de esto... ¿cuál de todos ellos eres tú? (O cuáles, que se puede frikear de varios modos a la vez...)

BOARDGAMER: Jugador de juegos de tablero. Muchos de ellos están diseñados para ser jugados por toda la familia sin importar la edad (y ahí englobamos el célebre Monopoly). Otros abordan temáticas consideradas más frikis (como la ciencia ficción o la fantasía épica) y son bastante más complejos. Estos juegos están viviendo un gran auge a raíz de la crisis económica mundial de 2008, ya que es una opción barata para pasar una (o muchas) tardes en grupo.

CARDGAMER: Conocidos en español comúnmente como «magikeros» por ser Magic el primer juego de cartas que se comercializó. Juegan a un tipo de juegos de cartas que tiene la particularidad de no ser un mazo cerrado, sino que las cartas que lo componen son coleccionables y se venden en sobres, como los tradicionales cromos de quiosco de nuestros padres.

COSPLAYER: Un *fanboy*, *gamer* u *otaku* que gusta de disfrazarse de algún personaje inspirado en su afición favorita (un manga, un anime, película, libro, cómic, videojuego). Muy raramente se visten de tal guisa para realizar sus actividades cotidianas, se reservan para asistir a una convención o encuentro donde muchos más harán lo mismo. Y es que hasta ser un bicho raro tiene sus límites...

FANBOY: Seguidor incondicional de una serie, ya sea de televisión, de películas, de novelas, de cómics, de juegos de rol... Un *fanboy* (o una *fangirl*) puede hacer cola durante horas para conseguir una firma de su actor o dibujante favorito, o para comprar entradas para el estreno de la nueva entrega de su saga favorita. Muchos gustan de disfrazarse de sus personajes favoritos (ver «Cosplayer») y son compradores a veces casi compulsivos del *merchandising* relacionado con su afición. Los *fanboys* reciben diferentes nombres según ésta. Así tenemos los warries, o Star Warriors (seguidores de la saga cinematográfica de *Star Wars*), los trekkies (de la serie de televisión *Star Trek*), los Babylon V'ers (de *Babylon 5*), los eXcers (de *Expediente X*), los narnianos (de las *Crónicas de Narnia*), los pottermaníacos (de la saga de novelas de Harry Potter).

GAMER: Aficionado a los videojuegos, ya sean de ordenador o de consola. Un importante subgrupo son los retrogamers, que reniegan de los juegos actuales en favor de «clásicos» considerados por la mayoría ya obsoletos o simplemente pasados de moda.

GEEK: Amante de la tecnología en general y de la informática en particular. Le encantan los dispositivos electrónicos, desde ordenadores hasta *smartphones* pasando por *tablets*, reproductores de música, móviles de última generación y un largo etcétera. Suele ser buen informático, tanto a nivel de software como de hardware. A menudo se le confunde con el *nerd*, lo que es injusto, ya que el *geek* no tiene en un principio problemas para relacionarse socialmente.

NERD: Anglicismo que equivale más o menos a nuestro castizo «empollón». Como el *geek* (ver más arriba), el *nerd* puede ser (y es habitual que así sea) un apasionado de la ciencia y la informática, pero se ha concentrado en los estudios, huyendo de su fracaso social. Le cuesta hacer amigos e interactuar con miembros del sexo opuesto y suele ser un desastre a la hora de hacer ejercicio físico. Compensa sus frustraciones con una pose pedante, despreciando a aquellos que son intelectualmente inferiores a él.

OTAKU: Aficionado al cómic manga, al cine y televisión anime y, en general, a todo lo que se refiera a la cultura japonesa, incluidas su comida y su lengua.

ROLERO: Castellanización del término anglosajón *roler*, contracción de *rolegamer*. Aficionado a los juegos de rol de mesa. No hay que confundirlo con los que juegan RPG (que son videojuegos), ni con los que juegan «Vivos» (que son actividades más parecidas a la yincana o al juego de pistas de toda la vida).

WARGAMER: Literalmente, «el que juega a la guerra». Aficionados a la simulación de batallas reales o imaginarias, ya sea sobre un tablero de cartón o en una maqueta con figuras de plástico o de plomo. Es una afición que goza de amplia tradición y ya era practicada por los prusianos a principios del siglo XIX. Esta actividad suele incluir (aunque no es obligatorio) la de pintar las figuritas de los ejércitos. Uno mismo.

SOBRE EL AUTOR

Jorge Vesterra es el seudónimo de un conocido personaje público que oculta en su interior a un friki redomado. Ahora es padre responsable de un pequeño Luke y una pequeña Leia y reparte su tiempo entre estar al día de las novedades presentadas en la última ComicCon y hacer que la infancia de sus pequeños sea mágica para que en el futuro sean los cómplices de sus muchas «frikadas».

Su mujer es una santa.

CONTENIDOS

LOS 10 MANDAMIENTOS DEL PADRE FRIKI ... 7

SER FRIKI Y PADRE, INCREÍBLE PERO CIERTO ... 9

Test: ¿Eres un verdadero padre friki? ... 13

El reducto del marido friki ... 17

Durmiendo con la enemiga ... 21

Test: Grado de antifrikismo de tu mujer ... 22

Frikizándola a ella (o cómo llevar a la oscuridad a la madre de tus hijos) ... 26

EL BUEN PADRE (FRIKI, POR SUPUESTO) ... 29

... Les lee cuentos a sus hijos ... 29

... Juega con sus hijos ... 34

... Les ayuda a vestirse ... 37

... Les enseña a tener su habitación ordenada ... 38

... Los controla con las nuevas tecnologías ... 40

... Les prepara la comida ... 42

... Y se asegura de que reciban los juegos y juguetes adecuados para ellos ... 44

Test: Nivel de frikismo en la infancia ... 47

EL PADRE FRIKI Y EL COLEGIO ... 51

Cuando los maestros frikis invaden las aulas ... 51

Y cuando los padres frikis les apoyan ... 54

Los deportes, la educación física y el frikismo ... 60

Otras actividades extraescolares ... 61

Cómo sobrevivir a conciertos y obras de teatro infantiles ... 64

Test: Nivel de frikismo en la pubertad ... 66

ACTIVIDADES DE OCIO PARA SACAR EL FRIKI QUE TODO NIÑO ESCONDE 70
Ir al cine con tus hijos, un placer a tu alcance 70
Películas frikis indispensables 73
Adorando la caja tonta: las series de televisión más míticas de todos los tiempos 81
Las «inocentes» series de dibujos animados 88
Abriéndole la puerta a los anime japoneses 92
Películas de animación para niños que disfrutarán los padres 94
Los videojuegos de tus frikiñines 95
Los juegos de cartas coleccionables 98
El vasto mundo de los cómics 99
Lecturas recomendadas para crear pequeños héroes 102
Test: Nivel de frikismo en la adolescencia 105

LA FAMILIA QUE FRIKEA UNIDA... PERMANECE FRIKI 109
Juegos de mesa para toda la familia 110
Haciendo el friki en el parque de atracciones 117
Ferias y mercados medievales 123
Ir de museos 124
Yacimientos arqueológicos 125
Un toque friki a las fiestas infantiles 126
Búsqueda del tesoro 134
Juegos de viaje 135
Buenas maneras en un evento friki 136

CALENDARIO DE FRIKIFIESTAS 141

GLOSARIO: TIPOS DE FRIKIS 151

SOBRE EL AUTOR 155